JONI
SEAGER

LA MUJER EN EL MUNDO

ATLAS DE LA GEOGRAFÍA FEMINISTA

Grijalbo

Título original: *The Women's Atlas*
Primera edición: noviembre de 2018

© 2018, Joni Seager, por el texto
© 2018, Myriad Editions, por los mapas, gráficos y la idea original
Primera publicación en inglés por Myriad Editions
www.myriadeditions.com
© 2018, Penguin Random House Grupo Editorial, S.A.U.
Travessera de Gràcia, 47-49. 08021 Barcelona

Printed in Spain – Impreso en España

Dirección editorial: Candida Lacey
Dirección de arte: Corinne Pearlman
Coordinación y edición: Dawn Sackett
Mapas y gráficos: Isabelle Lewis
Asesoramiento de diseño: Caroline Beavon

Realización de la edición en lengua castellana: Moonbook, S. L.
Traducción: Moonbook
Maquetación: Fernando Santiago

ISBN: 978-84-17338-21-3
Depósito legal: B-22917-2018
Impreso en Gráficas 94, S. L.
Sant Quirze del Vallès (Barcelona)

DO38213

Penguin
Random House
Grupo Editorial

Índice

Introducción

Esto no es un simple atlas sobre la mujer. Es un mapa feminista del mundo desde una perspectiva que se toma en serio las experiencias de las mujeres.

El feminismo, para mí, supone otorgarle a la vida de las mujeres tanta atención, curiosidad y análisis como recibe automáticamente la de los hombres. Suele parecer que la vida cotidiana de hombres y mujeres normales tiene mucho en común, y así es a veces; sin embargo, lo cierto es que la realidad diaria al establecer relaciones, ganarse el pan y asegurarse una autonomía varía de forma significativa entre hombres y mujeres, e, interseccionalmente, entre mujeres.

No habrá ninguna autora feminista que no se haya topado con el típico «por qué la mujer». En su incisivo ensayo *Todos deberíamos ser feministas*, Chimamanda Ngozi Adichie responde por todas nosotras:

«Hay quien pregunta: "¿Por qué el termino feminista? ¿Por qué no decir que crees en los derechos humanos, o algo así?". Porque eso sería deshonesto. Sí, el feminismo forma parte de los *derechos humanos*, pero elegir una expresión tan vaga como esa es negar el problema específico y particular del género. Sería fingir que no han sido las mujeres las excluidas durante siglos. Sería negar que el problema del género se centra en la mujer; que el problema no afecta al ser humano, sino específicamente al ser humano del sexo femenino. Durante siglos, el mundo ha dividido a los seres humanos en dos grupos para excluir y oprimir después a uno de ellos. Parece lógico que la solución del problema pase por reconocer eso».

Se han producido importantes mejoras en la situación de la mujer desde que se publicara la primera edición del atlas en 1986. Los avances en la alfabetización de mujeres y niñas copan las listas de logros mundiales; las mujeres han obtenido un pleno derecho al voto prácticamente en todas partes; la mayoría de los gobiernos han firmado tratados internacionales comprometidos con los derechos de la mujer; se ha generalizado el reconocimiento de la brecha salarial; las mujeres, organizadas, han hecho visibles los casi omnipresentes ataques y el acoso contra las mujeres en la calle, en el trabajo y en el hogar por parte de los hombres.

No deberíamos subestimar la importancia de tales avances. Sin embargo, la lista general de «logros» es lamentablemente corta. Quien se sitúa fuera del feminismo suele imaginar que las feministas están enfadadas, a lo que yo digo: «¡solo a ratos!». La verdad es que hay mucho por lo que enfadarse. En la última década, muchas mujeres han sufrido en todo el mundo un declive en su calidad de vida.

Los avances en un lugar no son necesariamente trasladables a otros: el mundo sigue dividido. La desigualdad económica es tan extrema que hasta el FMI la considera una crisis mundial. En todos los niveles geográficos, la riqueza se concentra cada vez en menos manos; manos de hombres, sobre todo. La economía mundial globalizadora se basa en explotar los mercados «flexibles» de trabajadores mal pagados; en este contexto, la incorporación de la mujer al mundo laboral no es una señal genuina de progreso. Los conflictos armados persistentes asolan muchos países. De Sudán a Afganistán, millones de personas viven bajo regímenes de terror armado en unas condiciones desgarradoras. La masculinización militar supone una especial carga para la mujer, con violaciones generalizadas, la erosión de sus derechos y su esfuerzo por satisfacer las implacables exigencias de manutención de sus familias en medio del caos. El fundamentalismo religioso y una renovada intolerancia conservadora son una amenaza para los derechos de la mujer en muchos países del globo. Millones de mujeres viven a diario como si fueran poco más que una posesión. Proliferan los sistemas de esclavización y opresión de la mujer a gran escala, incluida la trata principalmente.

Hay pocas naciones «desarrolladas» en el mundo de la mujer. Al observar el mundo a través de las experiencias de las mujeres dudamos de la validez de la distinción convencional entre países «desarrollados» y «subdesarrollados»: la mujer está representada prácticamente en la misma proporción en los gobiernos elegidos de Madagascar, Kirguistán y EE. UU.; la indiferencia estatal ante el asesinato de las indígenas en Canadá, las yazidíes en Irak y las mujeres de las maquiladoras en México rebaten claramente la idea del estado moderno; las mujeres casadas de Corea del Sur, EAU y Malaui necesitan el permiso de sus maridos para abortar.

Pueden parecer unas comparaciones simplistas que no reconocen los avances reales en la vida de las mujeres, pero, para las que viven estas realidades, lo simplista es decir que hay lugares donde las cosas están mejorando para la mujer. No todas las mujeres tienen por qué participar automáticamente de los grandes avances sociales... a menos que exista un compromiso con la igualdad social. Las feministas siempre nos advierten que no demos por sentados los avances en el empoderamiento de la mujer: son frágiles, reversibles y siempre están bajo presión, una advertencia que nunca ha sido más pertinente. En el mejor de los casos, podremos decir que desde Polonia a EE. UU., desde Nigeria a Rusia, los pasillos del poder siguen asombrosamente impasibles ante la opresión de la mujer. En el peor, hay signos de un buen número de gobiernos que parecen decididos a revocar ciertos avances en la autonomía de la mujer en 2018.

El alcance de los avances reales en la vida de las mujeres se debe sobre todo a la organización del feminismo, que es más fuerte, más diverso y está más capacitado que nunca. Las redes feministas internacionales han roto el aislamiento entre las mujeres; en todas partes, las feministas están más informadas sobre las cuestiones y las perspectivas de culturas y lugares ajenos a su entorno inmediato.

Mientras definimos el siglo xxi, necesitamos líderes públicos y sociales que construyan sobre estos cimientos feministas para lograr un compromiso real —no retórico— con la justicia social para la mujer.

Como feminista, creo que una visión comparada, amplia e internacional enriquece el análisis y el activismo sociales. Sin embargo, utilizar la escala mundial supone una inevitable y preocupante de generalización que, si no se estudia, puede debilitar el análisis feminista. El mundo de las mujeres se define por lo que tienen en común y por las diferencias. Comparten la responsabilidad de tener y criar a los hijos, de formar la familia y mantenerla, del control de la natalidad. Ricas o pobres, sufren violaciones, traumas de abortos clandestinos, la degradación de la pornografía. Pero si algo hemos aprendido de los movimientos feministas es que no debemos usar las generalizaciones para enmascarar las diferencias reales entre las mujeres, diferencias que recorren las líneas de fractura de la raza, clase social, edad, sexualidad, religión y lugar.

Como geógrafa, he dado con la forma de equilibrar la necesidad de reconocer lo común y lo diferente. En su máxima expresión, los datos visuales —los mapas, en especial— pueden iluminar ambos al tiempo. Son una herramienta potente que desvela patrones, continuidades y contrastes. Una vez presentados los patrones, espero que este atlas plantee tantos interrogantes como respuestas ofrece.

«Hace falta un pueblo entero» para llevar a buen puerto tal proyecto. Tengo la suerte de tener varios: unas fuertes redes de familiares y amigos que me dan apoyo, esperanza, solidaridad política, humor y chispa intelectual. Ya sabéis quiénes sois: ¡gracias!

Nada funciona sin mi compañera Cynthia Enloe. Aúna un arraigado impulso hacia la generosidad y la bondad con una afilada agudeza analítica, y lo uno magnifica lo otro. Hace de mí mejor pensadora y mejor persona.

Este libro habría sido literalmente imposible sin Myriad Editions, una pequeña editorial dirigida por mujeres con una influencia enorme y una visión abierta. Candida Lacey y Corinne Pearlman, directora editorial y creativa, respectivamente, son capaces de una imaginación, amistad y perseverancia sorprendentes. Dawn Sackett e Isabelle Lewis le dieron luz y calor a la obra con la magia y la inteligencia de su edición y su diseño, respectivamente. Este proyecto ha sido una prueba de paciencia para todas, pero se impuso la serenidad de Myriad.

Más allá de estos agradecimientos, nunca he perdido de vista la gran deuda social e intelectual que tengo con las numerosas feministas —anónimas y olvidadas, la mayoría— que, durante años y con un gran coste para ellas, han sido las únicas que han insistido en la importancia de preguntarse dónde están las mujeres.

Joni Seager
Cambridge, Massachusetts
2018

La mujer en el mundo

No debemos subestimar el papel del Estado a la hora de dar forma a la vida de la mujer. Los gobiernos y los regímenes en el poder marcan el contexto en el que las familias se forman y prosperan... o no.

Es el poder estatal el que traza la línea de lo aceptable en la conducta y la expresión sexual y en la participación económica y cívica. El Estado establece los términos de acceso a la sanidad, la educación, el voto, los derechos reproductivos, la protección ciudadana y la sostenibilidad medioambiental.

Para muchos millones de personas en todo el mundo, son los Estados y los aspirantes a actores en el Estado los que generan el caos y las crisis. Los Estados establecen los términos de una discriminación que se produce de forma estructural, institucional, a pequeña escala y de manera cotidiana.

Todos los Estados son patriarcales. Incluso a título individual y de incontables maneras, todos los días, los hombres se benefician de la ubicuidad y la aparente normalidad del patriarcado en modos en que las mujeres no se benefician.

> **El patriarcado es el sexismo cotidiano, pero es más que el sexismo cotidiano; abarca la misoginia, pero se basa en algo más que la misoginia; produce desigualdad de género, pero sus consecuencias son más profundas que la desigualdad de género.**

Cynthia Enloe, *The Big Push*

cabar con la discriminación

rmantes de la Convención de la ONU bre la Eliminación de Todas las Formas Discriminación contra la Mujer (CEDAW)

de 2018

- irmado pero no ratificado
- Sin firmar ni ratificar
- irmado y ratificado

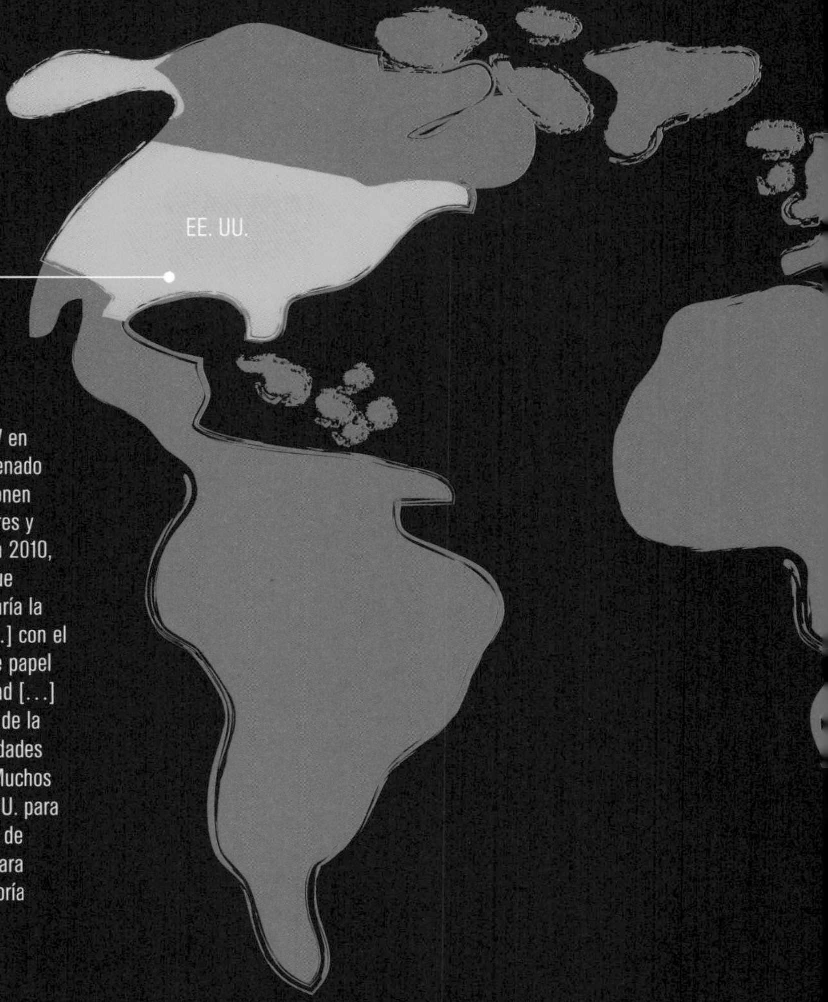

El presidente Carter firmó la CEDAW en 980, pero aún debe ratificarla el Senado ara convertirla en ley. A ello se oponen nérgicamente políticos conservadores y rupos religiosos. Ante el Senado en 2010, amily Watch International afirmó que la ratificación de la CEDAW debilitaría la rotección actual de las mujeres [...] con el in de redefinir [...] el indispensable papel ue desempeñan en nuestra sociedad [...] como madres y esposas. El objetivo de la EDAW es crear en el mundo sociedades eutras en cuanto al género [...] Muchos e los grupos que presionan a EE. UU. para ue ratifique la CEDAW tienen el fin de romover unos derechos radicales para a mujer de los que discrepa la mayoría le los estadounidenses...».

s últimos

nos firmantes de la CEDAW • 2006: Islas Cook • Brunéi • Islas Marshall • Omán

La CEDAW es el único tratado mundial exhaustivo sobre los derechos de la mujer. Al ratificarlo, los gobiernos se comprometen, sobre el papel, a desarrollar políticas que eliminen la discriminación de la mujer.

Solo EE. UU. y Palaos lo han firmado sin ratificarlo y no están obligados a cumplirlo. Hay cuatro países que no lo han firmado ni lo han ratificado.

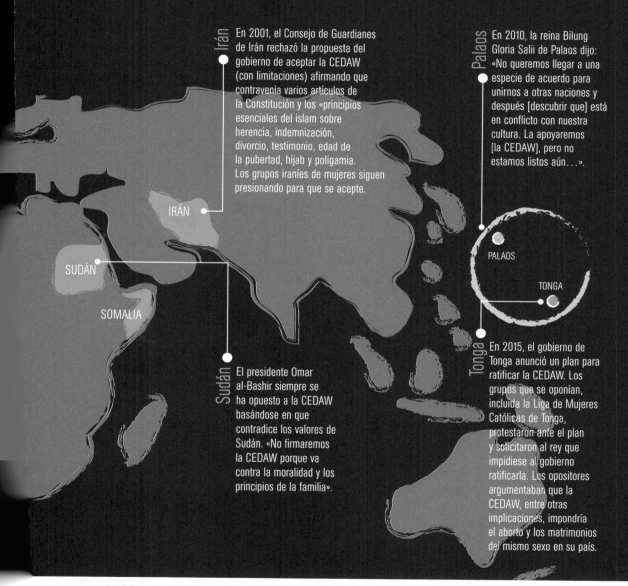

Irán
En 2001, el Consejo de Guardianes de Irán rechazó la propuesta del gobierno de aceptar la CEDAW (con limitaciones) afirmando que contravenía varios artículos de la Constitución y los «principios esenciales del islam sobre herencia, indemnización, divorcio, testimonio, edad de la pubertad, hijab y poligamia. Los grupos iraníes de mujeres siguen presionando para que se acepte.

IRÁN

SUDÁN

SOMALIA

Palaos
En 2010, la reina Bilung Gloria Salii de Palaos dijo: «No queremos llegar a una especie de acuerdo para unirnos a otras naciones y después [descubrir que] está en conflicto con nuestra cultura. La apoyaremos [la CEDAW], pero no estamos listos aún…».

PALAOS

TONGA

Sudán
El presidente Omar al-Bashir siempre se ha opuesto a la CEDAW basándose en que contradice los valores de Sudán. «No firmaremos la CEDAW porque va contra la moralidad y los principios de la familia».

Tonga
En 2015, el gobierno de Tonga anunció un plan para ratificar la CEDAW. Los grupos que se oponían, incluida la Liga de Mujeres Católicas de Tonga, protestaron ante el plan y solicitaron al rey que impidiese al gobierno ratificarla. Los opositores argumentaban que la CEDAW, entre otras implicaciones, impondría el aborto y los matrimonios del mismo sexo en su país.

• 2009: Catar • 2011: Nauru • 2014: Palestina • 2015: Sudán del Sur

Medir la discriminación

No hay una manera fácil de medir la situación de la mujer en el mundo y no es sensato utilizar una sola lente para observarla. Sin embargo, hay formas interesantes de arrojar luz sobre ciertos aspectos de la situación global y la calidad de vida general.

El Índice de la Brecha Global de Género desarrollado por el Foro Económico Mundial mide en cada país el tamaño de la brecha entre hombres y mujeres en diversos aspectos de la salud, la participación en la educación, la participación y las oportunidades en la economía y el empoderamiento político. Los países mejor clasificados han cerrado su brecha de género en más de un 80%.

El Índice de Instituciones Sociales y Género (SIGI) de la OCDE mide la discriminación de la mujer en las instituciones sociales de los países. Examina instituciones y normas de la sociedad civil, como los códigos y leyes familiares, los derechos a la autonomía física, la preferencia por los hijos frente a las hijas, el acceso a recursos y bienes y las libertades civiles para determinar el grado en que la estructura civil de un país discrimina a la mujer. Los resúmenes de la página 16 muestran la proporción de países por región según el grado de discriminación en sus instituciones.

Uno de los puntos que denotan ambos índices es que la igualdad de género es, en parte, consecuencia del compromiso gubernamental con los principios y las políticas de igualdad. Por ejemplo, no es casualidad que los países escandinavos estén muy arriba en el *ranking* de ambos índices: la igualdad de género y el empoderamiento de la mujer son allí políticas nacionales explícitas.

> GLOBALMENTE, LA BRECHA EN LA EDUCACIÓN QUIZÁ SE CIERRE HACIA 2030, PERO, AL RITMO ACTUAL, LA BRECHA EN LAS OPORTUNIDADES Y LA PARTICIPACIÓN EN LA ECONOMÍA NO SE CERRARÁ HASTA DENTRO DE 217 AÑOS.

El índice de la brecha global de género

2017

Ranking de países:

- 1 – 20 (mayor paridad, menor brecha de género)
- 21 – 55
- 56 – 90
- 91 – 125
- 126 – 144 (menor paridad, mayor brecha de género)
- no incluido en el ranking

FIYI

NUEVA ZELANDA

AUSTRALIA

INDONESIA

JAPÓN

COREA DEL SUR

FILIPINAS

VIETNAM

CAMBOYA

BRUNEI

MALASIA

SINGAPUR

TIMOR ORIENTAL

TAILANDIA

LAOS

BIRMANIA

BUTÁN

NEPAL

BANGLADÉS

SRI LANKA

MALDIVAS

INDIA

MONGOLIA

CHINA

PAKISTÁN

KIRGUISTÁN

TAYIKISTÁN

KAZAJISTÁN

RUSIA

IRÁN

CATAR

KUWAIT

EAU

BARÉIN

ARABIA SAUDÍ

YEMEN

GEORGIA

ARMENIA AZER.

CHIPRE LÍBANO

ISRAEL

SIRIA

TURQUÍA

EGIPTO

ETIOPÍA

KENIA

TANZANIA

MALAUI

MAURICIO

MADAGASCAR

MOZAMBIQUE

SUAZILANDIA

LESOTO

ZIMBABUE

BOTSUANA

NAMIBIA

SUDÁFRICA

ANGOLA

RUANDA BURUNDI

UGANDA

CHAD

CAMERÚN

NIGERIA

BENÍN

GHANA

TOGO

BURKINA

COSTA DE MARFIL

LIBERIA

MALI

NÍGER

ARGELIA

MARRUECOS

MAURITANIA

SENEGAL

GAMBIA

GUINEA

CABO VERDE

RUSIA

UCRANIA

MOLDAVIA

BIELORRUSIA

FINLANDIA

ESTONIA

LETONIA

LITUANIA

POLONIA

NORUEGA

SUECIA

DINAMARCA

ALEMANIA

REP. CHECA

ESLOVAQUIA

HUNGRÍA

AUSTRIA

ESLOV.

BULGARIA

RUMANÍA

SERBIA

B.H.

CROACIA

MONT.

ALBANIA

MACEDONIA

GRECIA

ITALIA

MALTA

TÚNEZ

HOL.

BÉLGICA

LUX.

SUIZA

FRANCIA

R.U.

IRLANDA

ISLANDIA

ESPAÑA

PORTUGAL

MARRUECOS

CANADÁ

EE. UU.

MÉXICO

GUATEMALA

BELICE

EL SALVADOR

HONDURAS

NICARAGUA

COSTA RICA

PANAMÁ

CUBA

BAHAMAS

JAMAICA

REP. DOMINICANA

BARBADOS

SURINAM

VENEZUELA

COLOMBIA

ECUADOR

PERÚ

BOLIVIA

BRASIL

PARAGUAY

URUGUAY

ARGENTINA

CHILE

Discriminación contra la mujer
Niveles de discriminación en la sociedad según el Índice de Instituciones Sociales y Género

Proporción de países en las regiones seleccionadas

2014

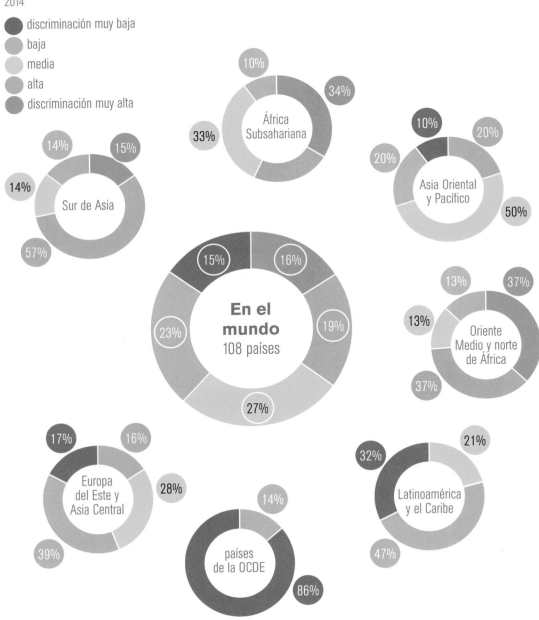

- discriminación muy baja
- baja
- media
- alta
- discriminación muy alta

África Subsahariana
10% · 34% · 33%

Asia Oriental y Pacífico
10% · 20% · 20% · 50% · 20%

Sur de Asia
14% · 15% · 14% · 57%

En el mundo
108 países
15% · 16% · 19% · 27% · 23%

Oriente Medio y norte de África
13% · 37% · 37% · 13%

Europa del Este y Asia Central
17% · 16% · 28% · 39%

países de la OCDE
14% · 86%

Latinoamérica y el Caribe
21% · 32% · 47%

Esperanza de vida

Esperanza media de vida de la mujer al nacer
2015

Más alta

Hong Kong 87,0
Japón 86,9
Singapur 86,2
Italia 85,7
España 85,4
Corea del Sur 85,2
Francia 85,2
Suiza 85,1
Chile 84,7
Australia 84,6

ESPERANZA MEDIA DE VIDA MUNDIAL:
MUJERES 74
HOMBRES 70

La esperanza de vida es un indicador irreductible del bienestar general. Para muchas mujeres —y hombres—, la vida es corta y dura. En casi todo el mundo, las mujeres viven más que los hombres, pero la brecha se cierra en ambos extremos de la escala.

Todos los países con una esperanza de vida inferior a los 60 años están en el África Subsahariana. Las más altas para hombres y mujeres están en Asia Oriental, aunque otros países desarrollados llegan ya a la zona alta de la tabla.

Más baja

Suazilandia 48,1
Lesoto 50,0
Sierra Leona 51,9
Costa de Marfil 52,8
Chad 53,0
Nigeria 53,4
R.C.A. 53,4
Angola 54,2
Mozambique 56,8
Camerún 57,1
Sudán del Sur 57,1

Derechos de las lesbianas

> "La existencia de las lesbianas supone la ruptura de un tabú y el rechazo de una forma de vida obligatoria. También es un ataque directo o indirecto al derecho masculino de acceso a la mujer. Pero es algo más, aunque empecemos por verlo como una forma de negarse al patriarcado, un acto de resistencia."

Adrienne Rich, *Compulsory Heterosexuality and Lesbian Existence*

Cuando las mujeres se salen de la norma heterosexual, son doblemente subversivas: como miembros de una minoría sexual y como mujeres que rechazan la autoridad masculina.

Las lesbianas pagan un alto precio por este inconformismo, sometidas a «violaciones correctivas», asesinatos «por honor», rechazo social, maltrato físico y discriminación material. Curiosamente, en la mayoría de los países que penalizan la homosexualidad, la ley solo castiga la conducta homosexual masculina o ciertos actos sexuales identificados con los gays. Esta omisión legal no protege a las mujeres: en todos los casos, las leyes también se les aplican cuando el Estado quiere, pero es un indicador interesante de la caprichosa indiferencia hacia la mujer en general y las lesbianas en particular.

Aun allí donde no está penalizada la homosexualidad, los derechos de las personas LGBTI no se suelen proteger, ni siquiera reconocer. Sin embargo, la organización de estas en las tres últimas décadas ha sido impresionante, y en muchos países se tolera la identidad lesbiana aunque no se acepte del todo. Dentro de las comunidades LGBTI, la política de integración en la corriente dominante resulta tensa, principalmente para las lesbianas, ya que la aceptación y la absorción en unas estructuras sociales patriarcales no son necesariamente liberadoras.

Más allá de lo binario

En casi todo el mundo, los sistemas legales de protección van por detrás de los movimientos de liberación de la identidad de género, como la identidad transgénero, la transexual y la intersexual.

El activismo presiona a los gobiernos para que den acomodo a estas identidades no binarias. Se empieza por el derecho legal para que las personas trans y de género diverso puedan cambiar su nombre y su identidad sexual en documentos oficiales.

En muchos países no es posible cambiarse el sexo legal. En otros quizá sí, pero solo si se cumplen ciertas condiciones prohibitivas, como someterse a una cirugía obligatoria de reasignación de género.

Los avances son lentos, pero, entre otros logros, Australia, Bangladés, Alemania, la India, Nepal, Nueva Zelanda y Pakistán ya permiten un «tercer sexo» en los documentos oficiales.

Pioneros:

• Canadá, 2017: incluyó la designación de género «X» en documentos oficiales como el pasaporte.

• Bolivia, 2016: la Ley de Identidad de Género permite a las personas transgénero mayores de 18 años cambiar de nombre e identidad sexual.

• Irlanda, 2015: la Ley de Reconocimiento de Género permite la autodeclaración de la identidad sexual.

• Bangladés, 2013: se concede a las hijras (hombres biológicos que se identifican como mujeres) el reconocimiento oficial de tercer género, también en el pasaporte y el carnet de identidad.

• Alemania, 2013: primer país europeo que reconoce un sexo «indeterminado» en el certificado de nacimiento. 2017: el Tribunal Constitucional Federal dicta que todos los documentos públicos deben incluir una tercera categoría de género o prescindir de cualquier designación del mismo.

• Nueva Zelanda, 2012: el pasaporte puede indicar una «X» como descripción del sexo (no especificado). En 2015, la Oficina Estadística incluyó «de género diverso» como una nueva categoría.

• Nepal, 2007: un tercer género, «otro», se añadió a los documentos oficiales, y el censo de 2011 permitió que la gente se registrara como ni hombre ni mujer.

• Australia, 2003: los australianos pueden elegir «X» como su sexo en el certificado de nacimiento y el pasaporte.

Situación legal de los gays

Mayo de 2017

Islandia — 1940: Homosexualidad despenalizada.

Dinamarca — 1933: Homosexualidad despenalizada.

Suiza — 1942: Homosexualidad despenalizada.

Francia — 1791: Primer país que despenalizó los actos sexuales consentidos entre adultos del mismo sexo.

Guatemala — 1871: La Revolución Liberal y la nueva constitución despenalizaron los actos sexuales consentidos entre personas del mismo sexo «sobre la base constitucional de que los actos sexuales privados y consentidos entre adultos no son asunto del Estado».

Sudáfrica — Tras el *apartheid*, la constitución de 1994 protege a gays y lesbianas.

Los últimos

Últimos países en derogar leyes que penalizan a gays y lesbianas (ejemplos seleccionados)

En la legislación nacional:

la homosexualidad está penalizada
y se castiga con pena de muerte

la homosexualidad está penalizada

no hay penas para la actividad sexual consentida
entre adultos del mismo sexo

sin datos

RUSIA

BIELORRUSIA
UCRANIA
MOLDAVIA
JM.
IL.
GEORGIA
TURQUÍA   ARMENIA   AZER.
CHIPRE
LÍB.   SIRIA
ISRAEL
PALESTINA   JORDANIA
EGIPTO
ARABIA
SAUDÍ
SUDÁN
ERITREA   YEMEN
YIBUTI
SUDÁN
DEL SUR
ETIOPÍA
UGANDA   SOMALIA
KENIA
RUANDA
BURUNDI
TANZANIA
COMORAS
ZAMBIA   MALAUI
ZIMBABUE   MADAGASCAR
MAURICIO
MOZAMBIQUE
SUAZILANDIA
LESOTO

KAZAJISTÁN

UZBEKISTÁN
KIRGUISTÁN
TURKMEN.   TAYIKISTÁN
IRAK   IRÁN   AFGANISTÁN
KUWAIT   PAKISTÁN
BARÉIN   CATAR
E.A.U.
OMÁN

NEPAL   BUTÁN
INDIA   BANGLADÉS
BIRMANIA
SRI LANKA

MALDIVAS

SEYCHELLES

MONGOLIA

CHINA

COREA
DEL NORTE   JAPÓN
COREA
DEL SUR

TAIWÁN

LAOS
TAILANDIA
VIETNAM
CAMBOYA

FILIPINAS

BRUNÉI
MALASIA
SINGAPUR

INDONESIA

TIMOR ORIENTAL

Mongolia

1961:
Homosexualidad
despenalizada.

ISLAS MARSHALL
MICRONESIA   NAURU
KIRIBATI
ISLAS
SALOMÓN   TUVALU
VANUATU   SAMOA
FIYI   NIUE   ISLAS
COOK
TONGA
POLINESIA
FRANCESA

PALAOS

PAPÚA
NUEVA
GUINEA

INDONESIA:
ES LEGAL OFICIALMENTE
A ESCALA NACIONAL, PERO
VARIAS PROVINCIAS HAN
IMPUESTO SUS PROPIAS
PENALIZACIONES.

AUSTRALIA

NUEVA
ZELANDA

Casarse

Media de edad de las mujeres en su primer matrimonio

2015 o datos más recientes

- 30 o más
- 21 – 29
- 20 o más
- sin datos

O no...

Porcentaje de mujeres de 45 años en EE. UU. que nunca se han casado

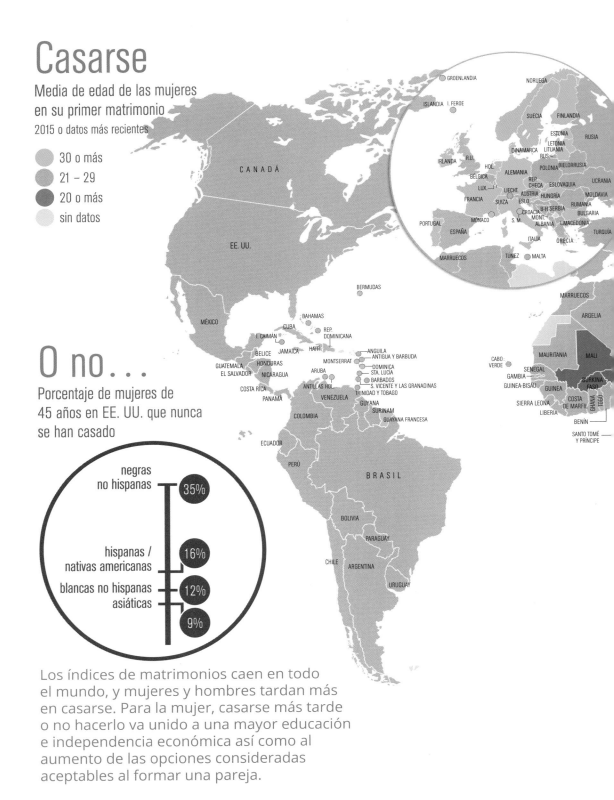

negras no hispanas — 35%

hispanas / nativas americanas — 16%

blancas no hispanas — 12%

asiáticas — 9%

Los índices de matrimonios caen en todo el mundo, y mujeres y hombres tardan más en casarse. Para la mujer, casarse más tarde o no hacerlo va unido a una mayor educación e independencia económica así como al aumento de las opciones consideradas aceptables al formar una pareja.

Esperar más

Media de edad de la mujer
en su primer matrimonio
ejemplos seleccionados

● 1990   ● 2014-2015

País	1990	2014-2015
Dinamarca	28	34
Alemania	26	31
Irlanda	27	32
Italia	26	31
Holanda	26	31
Portugal	24	31
Suecia	28	32
EE. UU.	24	27

Es duro romper,
pero más fácil que nunca

Divorcios por cada 100 matrimonios

ejemplos europeos seleccionados

● 1990　● 2013-2015

| Italia | Grecia | España | Polonia | Bulgaria | Holanda | Alemania | R. Unido | Dinamarca | Noruega | Finlandia |

Valores: Italia 9 / 42, Grecia 10 / 27, España 11 / 58, Polonia 17 / 36, Bulgaria 19 / 38, Holanda 29 / 53, Alemania 30 / 41, R. Unido 41 / 46, Dinamarca 44 / 57, Noruega 46 / 42, Finlandia 53 / 56

Educación y divorcio en EE. UU.

Porcentaje de primeros matrimonios de mujeres
que acaban en divorcio antes de los 46

2013

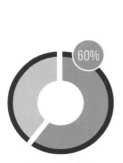

mujeres sin título
de bachiller

60%

con título de bachiller

48%

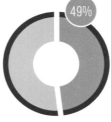

algún año de universidad
o diploma universitario

49%

con un título de grado
o superior

35%

Matrimonio del mismo sexo
Reconocimiento en la legislación nacional
2017

2000	2003	2005	2006	2009	2010
Holanda	Bélgica	Canadá España	Sudáfrica	México* Noruega Suecia *solo en ciertas jurisdicciones	Argentina Islandia Portugal

2012	2013	2014	2015	2016	2017
Dinamarca	Brasil Inglaterra/Gales Francia Nueva Zelanda Uruguay	Luxemburgo Escocia	Finlandia Groenlandia Irlanda EE. UU.	Colombia	Australia Austria Bermudas Alemania Taiwán

Parejas de hecho del mismo sexo
Reconocimiento en la legislación nacional
No suele ser equivalente al matrimonio
Diciembre de 2017

PERO...

EL GOBIERNO DE BERMUDAS DEROGÓ LA LEY DE MATRIMONIOS DEL MISMO SEXO EN 2018, LA PRIMERA DEROGACIÓN DEL MUNDO.

ECUADOR
BRASIL
CHILE

ESTONIA
LIECHT.   R. CHECA
HUNGRÍA
SUIZA — ESLOVENIA
CROACIA
ANDORRA   ITALIA — GRECIA
CHIPRE
MALTA   ISRAEL

Matrimonio infantil en EE. UU.

Número de matrimonios infantiles por cada 10.000 matrimonios
2010

- 50 o más
- 25 – 49
- 10 – 24
- menos de 10
- sin datos

El matrimonio infantil es legal en casi todo EE. UU. Más de la mitad de los estados no exigen una edad mínima para casarse y permiten que lo hagan los menores de 18. La mayoría de los estados permiten el matrimonio de los 16 a los 18 años con el simple consentimiento de los padres, y a los menores de 16 con un permiso judicial, con frecuencia a causa del embarazo de la chica.

210.000 menores contrajeron matrimonio en EE. UU. entre 2000 y 2015.

- el 5% tenía 15 años o menos; en Tennessee, 3 tenían 10 años
- el 87% eran niñas
- el 86% se casó con adultos

#AHÍ LO DEJO

En 2017, una *girl scout* de 17 años inició una campaña a favor de una reforma legislativa para elevar a 18 años la edad mínima para casarse en New Hampshire. Los representantes republicanos del estado tumbaron la ley. El republicano David Bates afirmó: «Si lo aprobamos, todos los hijos de menores nacerán siempre fuera del matrimonio, a la fuerza».

El matrimonio infantil en el mundo

La desigualdad de género, las «prácticas tradicionales», la noción patriarcal de la necesidad de una «protección» masculina del honor familiar, la inseguridad económica y social, las costumbres o normas religiosas que aprueban esta práctica y un marco legislativo inadecuado fomentan el matrimonio infantil. Se suele ver a las niñas como bienes canjeables; las niñas pobres de zonas rurales tienen más probabilidades de que las casen. Sin embargo, es una práctica en declive: hoy son una de cada cuatro mujeres las que se casaron en la infancia, mientras que en 1980 eran una de cada tres.

El tiempo se compra

> EL MATRIMONIO INFANTIL ES MÁS COMÚN EN EL SUR DE ASIA Y EL ÁFRICA SUBSAHARIANA. EL 33% DE LAS NOVIAS NIÑAS DEL MUNDO VIVE EN LA INDIA.

> LA NIÑAS DE LA QUINTA PARTE MÁS POBRE DE LA POBLACIÓN MUNDIAL TIENEN 2,5 VECES MÁS PROBABILIDADES DE CASARSE, O DE QUE SUS PADRES LAS CASEN, QUE LAS DE LA QUINTA PARTE MÁS RICA.
>
> INDIA: LA MEDIA DE EDAD DEL PRIMER MATRIMONIO DE LA MUJER ES DE 20 AÑOS EN LA QUINTA PARTE MÁS RICA; 15 EN LA MÁS POBRE.
>
> REP. DOMINICANA: LA MITAD DE LAS MUJERES MÁS POBRES SE CASÓ A LOS 17; LAS MÁS RICAS, A LOS 21.

Las novias más jóvenes

Porcentaje de mujeres de entre 20 y 24 años que se casaron antes de los 18; índices mundiales más altos
año más reciente, 2008-2014

- 76% Níger
- 68% R.C.A., Chad
- 55% Mali
- 52% Bangladés, Burkina Faso, Guinea, Sudán del Sur
- 48% Mozambique
- 47% India
- 46% Malaui
- 45% Somalia

Tamaño del hogar

Media de personas por hogar
datos más recientes desde 2014

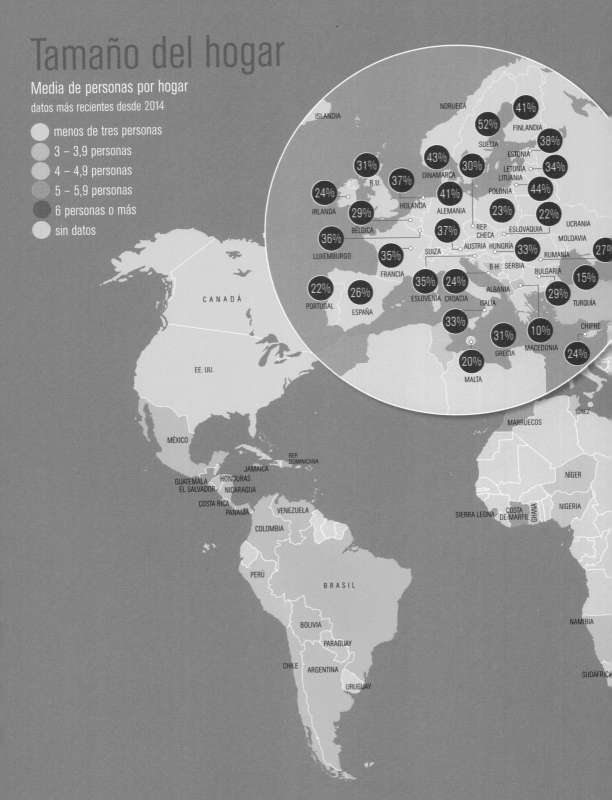

- menos de tres personas
- 3 – 3,9 personas
- 4 – 4,9 personas
- 5 – 5,9 personas
- 6 personas o más
- sin datos

ISLANDIA

NORUEGA

41% FINLANDIA

52% SUECIA

31% R.U.

37% HOLANDA

43% DINAMARCA

30% ESTONIA

38%

LETONIA

34%

LITUANIA

POLONIA

44%

24% IRLANDA

29% BÉLGICA

41% ALEMANIA

23% REP. CHECA

ESLOVAQUIA

22% UCRANIA

36% LUXEMBURGO

37% AUSTRIA

HUNGRÍA

MOLDAVIA

27°

35% FRANCIA

SUIZA

B-H SERBIA

33% RUMANÍA

BULGARIA

15% TURQUÍA

22% PORTUGAL

26% ESPAÑA

35% ESLOVENIA

24% CROACIA

ALBANIA

ITALIA

29%

CHIPRE

33%

31% GRECIA

10% MACEDONIA

24%

20% MALTA

CANADÁ

EE. UU.

MÉXICO

REP. DOMINICANA

JAMAICA

GUATEMALA
EL SALVADOR
HONDURAS
NICARAGUA
COSTA RICA
PANAMÁ

VENEZUELA

COLOMBIA

PERÚ

BRASIL

BOLIVIA

PARAGUAY

CHILE

ARGENTINA

URUGUAY

TÚNEZ

MARRUECOS

NÍGER

NIGERIA

SIERRA LEONA

COSTA DE MARFIL

GHANA

NAMIBIA

SUDÁFRICA

Una Europa unipersonal

El hogar unipersonal es el tipo que más rápido crece en el mundo. Globalmente, solo el 15% de los 2.000 millones de hogares del mundo son unipersonales, pero en los países posindustriales, más ricos, y en Europa en especial, representan el grupo más grande por tipos de hogar. En 2016, el 33% de los hogares de la Unión Europea eran unipersonales. Suecia tiene el índice más alto del mundo, con un asombroso 52%. Las mujeres constituyen la mayoría de los hogares unipersonales.

Vivir sola

% porcentaje de hogares unipersonales respecto del total
datos más recientes desde 2014

RUSIA

KAZAJISTÁN

MONGOLIA

GEORGIA

KIRGUISTÁN

JAPÓN

COREA DEL SUR

CHIPRE
LÍB.
ISRAEL

IRAK

IRÁN

AFGANISTÁN

CHINA

JORDANIA

KUWAIT

PAKISTÁN

EGIPTO

BARÉIN

NEPAL

TAIWÁN

ARABIA SAUDÍ

E.A.U.

OMÁN

INDIA

BANGLADÉS

LAOS

SUDÁN

TAILANDIA

VIETNAM

FILIPINAS

CAMBOYA

BRUNÉI

UGANDA

KENIA

MALASIA

SINGAPUR

TANZANIA

ZAMBIA

INDONESIA

MALAUI

ZIMBABUE

BOTSUANA

MAURICIO

MOZAMBIQUE

REUNIÓN

LESOTO

AUSTRALIA

NUEVA ZELANDA

No todos los hogares son iguales
Pobreza, raza y sexo en EE. UU.

2016

Porcentaje de hogares que viven
por debajo del umbral de la pobreza

Porcentaje de personas en familias con una mujer
al frente (sin un marido) que viven en la pobreza

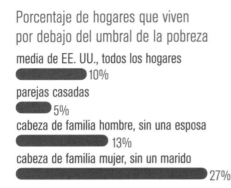

media de EE. UU., todos los hogares
10%

parejas casadas
5%

cabeza de familia hombre, sin una esposa
13%

cabeza de familia mujer, sin un marido
27%

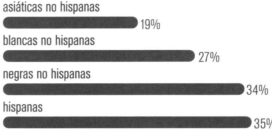

asiáticas no hispanas
19%

blancas no hispanas
27%

negras no hispanas
34%

hispanas
35%

Penuria económica en Europa
Porcentaje de hogares unipersonales europeos
que sufren privaciones materiales graves

ejemplos seleccionados, 2016

mujer soltera ●
hombre soltero ●

Bulgaria	Rumanía	Serbia	Italia	Alemania	Irlanda	Francia	Holanda	Islandia	Dinamarca
55%	31% 29%	31% 28%	14% 15%	9% 9%	8% 11%	7% 8%	6% 6%	6% 2%	3% 6%
38%									

La expresión **«privación material»** designa la
incapacidad para permitirse ciertos bienes considerados en
general deseables o incluso necesarios para vivir de forma adecuada. Para
identificar esta privación se utiliza un conjunto de bienes típicos que representan
un nivel «estándar» en las condiciones de vida: una semana de vacaciones al año fuera
de casa; una comida con carne, pollo, pescado o su equivalente vegetariano cada dos
días; calefacción adecuada en la vivienda; bienes duraderos, como una lavadora,
una televisión en color, un teléfono o un coche; ser capaz de pagar sin retrasos
la hipoteca, el alquiler, las facturas de la casa u otros créditos,
y ser capaz de afrontar gastos imprevistos.

Refugiadas

16,5 millones de personas viven como refugiados fuera de sus países, y dentro de ellos hay otros 32 millones de desplazados. Las mujeres constituyen el 50 % del total de los refugiados, y para ellas, bien en campos o en refugios temporales precarios, la vida es especialmente difícil: siguen teniendo responsabilidades familiares básicas en unas condiciones de mínima ayuda y protección. Mujeres y niñas refugiadas son objeto de violaciones y de trata, especialmente en los campos, que pueden ser lugares seguros, pero también de explotación y de abusos.

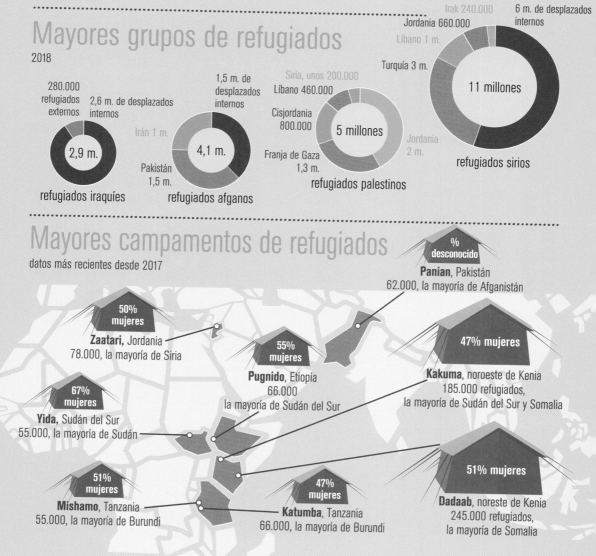

Mayores grupos de refugiados

2018

280.000 refugiados externos — **2,6 m. de desplazados internos**

2,9 m.

refugiados iraquíes

Irán 1 m. — **1,5 m. de desplazados internos** — **Pakistán 1,5 m.**

4,1 m.

refugiados afganos

Siria, unos 200.000 — **Líbano 460.000** — **Cisjordania 800.000** — **Franja de Gaza 1,3 m.** — **Jordania 2 m.**

5 millones

refugiados palestinos

Irak 240.000 — **Jordania 660.000** — **Líbano 1 m.** — **Turquía 3 m.** — **6 m. de desplazados internos**

11 millones

refugiados sirios

Mayores campamentos de refugiados

datos más recientes desde 2017

% desconocido
Panian, Pakistán
62.000, la mayoría de Afganistán

50% mujeres
Zaatari, Jordania
78.000, la mayoría de Siria

55% mujeres
Pugnido, Etiopía
66.000
la mayoría de Sudán del Sur

47% mujeres
Kakuma, noroeste de Kenia
185.000 refugiados,
la mayoría de Sudán del Sur y Somalia

67% mujeres
Yida, Sudán del Sur
55.000, la mayoría de Sudán

51% mujeres
Mishamo, Tanzania
55.000, la mayoría de Burundi

47% mujeres
Katumba, Tanzania
66.000, la mayoría de Burundi

51% mujeres
Dadaab, noroeste de Kenia
245.000 refugiados,
la mayoría de Somalia

Zonas de crisis

Crisis económicas y militares prolongadas

en 2018

Millones de personas han perdido sus hogares y una vida familiar «normal». Su vida cotidiana está sumida en una situación de crisis extrema y prolongada. En los conflictos y los desplazamientos, las mujeres y niñas suelen sufrir niveles intensificados de trata y de violencia doméstica y sexual. Las familias desesperadas recurren a mecanismos de supervivencia como casar a las niñas muy jóvenes, imponer el trabajo infantil y usar la disgregación familiar como una estrategia económica. El trabajo de la mujer para sostener la familia y el hogar es el amortiguador que absorbe el impacto de la crisis.

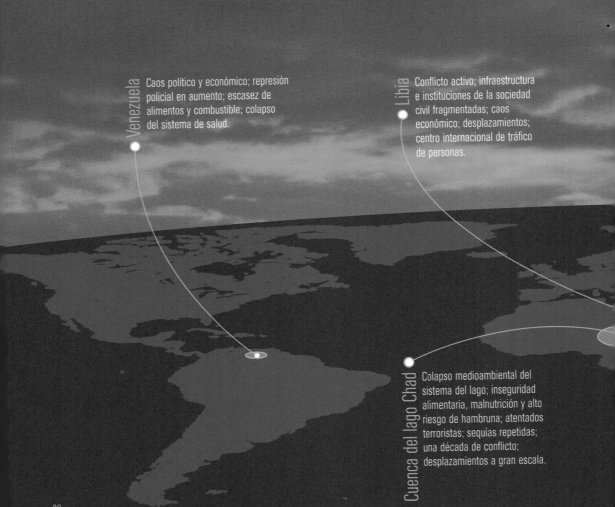

Venezuela
Caos político y económico; represión policial en aumento; escasez de alimentos y combustible; colapso del sistema de salud.

Libia
Conflicto activo; infraestructura e instituciones de la sociedad civil fragmentadas; caos económico; desplazamientos; centro internacional de tráfico de personas.

Cuenca del lago Chad
Colapso medioambiental del sistema del lago; inseguridad alimentaria, malnutrición y alto riesgo de hambruna; atentados terroristas; sequías repetidas; una década de conflicto; desplazamientos a gran escala.

R.D. Congo
Conflicto armado con repuntes de intensidad; inestabilidad política; declive económico; violaciones, violaciones en grupo y esclavitud sexual generalizadas.

Sudán del Sur
5 años de guerra civil; crímenes de guerra con violaciones, violaciones en grupo, esclavitud sexual y torturas generalizadas; caos económico; destrucción de infraestructuras públicas; hambre; desplazados.

Palestina
Bloqueo israelí de Gaza: escasez de alimento, agua, combustible, electricidad y sanidad; hundimiento de las infraestructuras públicas; desplazados.

Siria
7 años de guerra civil con intervención extranjera; ataques indiscriminados contra la población civil y sus infraestructuras; destrucción de los medios de vida y servicios de sanidad, vivienda, suministro de agua y alimentos; desplazamientos a gran escala.

Irak
Conflicto de larga duración con ejércitos nacionales y extranjeros; terrorismo fundamentalista; gobernabilidad precaria; escasa protección de mujeres y niñas frente a la violencia y las violaciones por parte de las instituciones civiles.

Somalia
Sequías consecutivas; hambruna; conflicto militar y atentados terroristas; debilidad en las infraestructuras y la gobernabilidad de la sociedad civil.

Yemen
Guerra entre facciones internas con intervención extranjera; violencia generalizada contra la población civil; destrucción de los medios de vida y servicios de sanidad, vivienda, comunicaciones, suministro de agua y alimentos; crisis de hambre y de cólera.

Afganistán
Conflicto reemergente; violencia sectaria; ataques contra las infraestructuras civiles, incluidos colegios y hospitales; ataques a niñas y mujeres (en 2017, dos tercios de las bajas civiles fueron mujeres y niños); desplazados; elevada mortalidad infantil; malnutrición; inestabilidad e incapacidad económica; polio endémica.

Cachemira
Guerra muy militarizada con repuntes de intensidad; violaciones como instrumento represivo contra la población.

Birmania
Represión violenta; expulsión forzosa de la minoría étnica rohinyá; violaciones y tortura sistemática de las mujeres rohinyás por parte de las fuerzas de seguridad.

Corea del Norte
Hambre y malnutrición generalizadas; represión violenta de libertades políticas y civiles; incapacidad económica; ejecuciones arbitrarias; trabajos forzados en prisiones encubiertas.

R.C.A.
Guerra civil y conflicto sectario en aumento; inestabilidad política; ataques contra la población civil, incluidas las violaciones.

Burundi
Elevada inseguridad alimentaria; brotes de cólera; tortura y violaciones sistemáticas por las fuerzas de seguridad gubernamentales; caos económico.

Pacificadoras

En muchos países, los movimientos de la mujer han participado de forma eficaz y significativa para frenar o detener conflictos armados y dar forma a los términos de la paz.

Entre estos países destacan: **Argentina, Chile, Colombia, R.D. Congo, Liberia, Irlanda del Norte y Túnez.**

R1325 Tras muchos años de ardua organización, las mujeres lograron en el año 2000 que la ONU adoptara la resolución **1325**. Esta obliga a los gobiernos a incluir a las mujeres como participantes auténticas e iguales en las negociaciones de paz y a asegurarse de que los intereses de las mujeres figuren en los planes de reconstrucción posteriores.

La mujer en la mesa de la paz
Proporción en las negociaciones de paz formales
ejemplos seleccionados

R.C.A.
0%
2008

Afganistán
6%
2017

Yemen
11%
agosto 2016

Siria
16%
octubre 2017

Israel – Palestina
25%
2013

Colombia
33%
2016

Mantener la paz
Porcentaje de mujeres en las fuerzas policiales y militares en misiones de paz de la ONU con más de 500 miembros
en enero de 2018

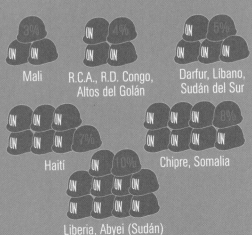

Mali — 3%

R.C.A., R.D. Congo, Altos del Golán — 4%

Darfur, Líbano, Sudán del Sur — 5%

Haití — 7%

Chipre, Somalia — 8%

Liberia, Abyei (Sudán) — 10%

> " Hay que vigilar incluso a los vigilantes. "
>
> Gita Sahgal, Amnistía Internacional

LOS ABUSOS Y LA EXPLOTACIÓN SEXUAL, INCLUIDAS LAS VIOLACIONES, LA TRATA Y LA PROSTITUCIÓN, POR PARTE DE LAS TROPAS MASCULINAS DE LA ONU ESTÁN DOCUMENTADOS EN LAS MISIONES DE PAZ DESDE LA DÉCADA DE 1990 EN BOSNIA Y HERZEGOVINA, CAMBOYA, LA R.C.A., LA R.D. DEL CONGO, HAITÍ, LIBERIA, SIERRA LEONA, SUDÁN DEL SUR Y TIMOR ORIENTAL.

A CADA PAÍS QUE APORTA TROPAS LE CORRESPONDE JUZGAR LA MALA CONDUCTA DE SU PERSONAL, LO CUAL DIFICULTA LA DEPURACIÓN DE RESPONSABILIDADES.

Poner a la mujer en su sitio

A modo de amplia observación política, podríamos decir que, en todas partes, las mujeres se enfrentan en la práctica a restricciones en su presencia pública, su forma de vestir y su conducta pública y privada. En muchos países, eso de «poner en su sitio» a la mujer es algo literal.

Hay mil maneras de poner a la mujer en su sitio: discriminación económica, estructuras legales que las tratan como seres humanos de menor categoría, negándoles sus derechos reproductivos. La violencia, o la amenaza creíble de esta, es con diferencia el instrumento de control más contundente. Para millones de mujeres, la violencia comienza en casa. Lejos de ser un oasis de seguridad, la familia suele ser la cuna de la violencia, y la violencia doméstica es la característica más ubicua en la vida de las mujeres de todo el mundo. Es bien sabido que las estadísticas sobre violencia doméstica no son fiables. Hasta cierto punto, esto se debe a que los estados suelen obviar, cuando no aprobar, la violencia contra la mujer aduciendo que es un asunto «privado».

Los asesinatos «por honor» y las leyes que te obligan a casarte con tu violador se hallan entre las expresiones más flagrantes del empeño patriarcal de mantener a la mujer bajo el control del hombre dentro del matrimonio y de la privacidad del hogar. Si estas prácticas se están viniendo abajo en algunos lugares, se debe exclusivamente a la extraordinaria valentía de las mujeres al organizarse contra ellas.

"Los hombres tienen miedo de que las mujeres se rían de ellos. Las mujeres tienen miedo de que los hombres las maten."

Margaret Atwood

Un reino acotado

El gobierno más comprometido con el uso del poder del Estado para poner a la mujer en su sitio es Arabia Saudí, cuyo sistema legal se basa casi por completo en la ley religiosa. Las *fatwas* sobre lo que pueden y lo que no pueden hacer las mujeres se mezclan con las regulaciones gubernamentales que imponen restricciones a las mujeres. La «tutela masculina» es el núcleo del sistema de control: toda mujer saudí debe tener un tutor masculino, su padre o marido, su hermano o incluso su hijo, con la capacidad de tomar por ella una serie de decisiones cruciales.

Control de la mujer:

Las mujeres necesitan permiso de un «tutor masculino» para:

- Viajar al extranjero.
- Obtener el pasaporte.
- Casarse.
- Estudiar en el extranjero con una beca estatal.

Las restricciones se extienden al trabajo, la sanidad y la condición social:

- Las entidades y empresas privadas pueden solicitar el permiso del tutor para ciertas actividades. El gobierno no lo exige, pero tampoco castiga a la empresa que se lo solicita.
- Se puede exigir a las mujeres que presenten un consentimiento del tutor para trabajar o recibir cuidados sanitarios.
- Sentencias de casos recientes han respaldado que el tutor prohíba a la mujer salir sola de casa.
- En caso de divorcio, el marido ha de transferir la tutoría a otro hombre, pero sigue al mando durante todo el proceso, aunque haya sido violento.

> "Todas tenemos que vivir dentro de los límites que nos trazan nuestros padres y maridos."
>
> Zahra, mujer saudí de 25 años

Salir en Arabia Saudí

GEORGIA
ARMENIA
AZERBAIYÁN
TURKM.
TURQUÍA
CHIPRE
LÍBANO
SIRIA
ISRAEL
PALESTINA
JORDANIA
IRAK
IRÁN
KUWAIT
EGIPTO
BARÉIN
CATAR
E.A.U.
OMÁN
ARABIA SAUDÍ
SUDÁN
ERITREA
YEMEN
ETIOPÍA
YIBUTI

El largo camino del cambio

- Las mujeres deben vestir «con decencia» en público, cubiertas de la cabeza a los pies. Esta restricción puede ser mortal: en 2002, 15 niñas murieron en un incendio en su residencia escolar cuando la policía religiosa les impidió salir del edificio y evitó la entrada de los bomberos porque no iban vestidas de forma apropiada.

- Las mujeres no deben estar con hombres que no sean sus parientes. Edificios y transportes públicos, parques, bancos y colegios están separados por sexos.

- Las mujeres no pueden utilizar las piscinas públicas abiertas para los hombres.

- Las médicas no pueden atender a pacientes hombres. Los médicos sí pueden atender a mujeres con permiso de su tutor.

Desde el año 2000, el gobierno saudí ha relajado algunas restricciones para las mujeres en el trabajo y la educación. El mayor cambio podría venir sobre ruedas: hasta 1990, una «costumbre» prohibía que las mujeres saudíes condujeran. En 1990, una protesta de 47 mujeres que condujeron una caravana de coches por las calles de Riad provocó una reacción violenta, y la prohibición se hizo oficial. También provocó un mayor activismo en las mujeres y en algunos hombres: las mujeres continuaron desafiando la prohibición en protestas que surgían por todo el país. Por fin, en 2017, el gobierno anunció que las mujeres saudíes podrían conducir coches, aunque necesitarían el permiso de su tutor para sacarse el carnet de conducir. El gobierno negó que el activismo de las mujeres hubiera influido en la decisión.

Obligación legal
Algunos de los países donde se exige a la mujer casada que obedezca a su marido

PALESTINA IRAK IRÁN AFGANISTÁN
BARÉIN
EGIPTO CATAR
E.A.U.
MALI
ARABIA SAUDÍ
SUDÁN YIBUTI

BRUNÉI

GUINEA
ECUATORIAL R.D.
GABÓN CONGO

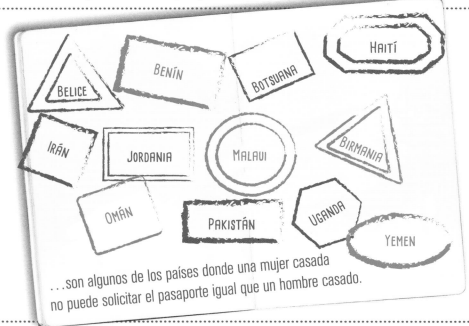

HAITÍ

BENÍN
BOTSUANA

BELICE

IRÁN
JORDANIA
MALAUI
BIRMANIA

OMÁN
PAKISTÁN
UGANDA
YEMEN

...son algunos de los países donde una mujer casada no puede solicitar el pasaporte igual que un hombre casado.

Y...

R. D. Congo Las mujeres casadas necesitan el permiso de su marido para cuestiones legales como abrir una cuenta bancaria.

Kuwait Los hombres se pueden divorciar de forma unilateral; las mujeres solo pueden iniciar los trámites sobre unos supuestos limitados.

Sudán Las mujeres necesitan permiso de un tutor masculino para obtener el carnet de identidad y para viajar dentro y fuera del país.

Atuendos indecorosos

2013–2014

50 países tenían al menos una ley o normativa en alguna administración (de local a nacional) para regular las prendas que lucen las mujeres por motivos religiosos:

- 38 países tenían normas que prohíben a las mujeres vestir prendas religiosas en ciertas circunstancias.

- 11 países tenían normas que obligan a las mujeres a vestir prendas religiosas en ciertas circunstancias.

- 1 país, Rusia, tenía ambas: en Chechenia era obligatorio que las mujeres llevaran un pañuelo en la cabeza en los edificios públicos; en los colegios públicos de Stávropol se prohibió el hiyab.

Algunas de las cosas que te pueden causar problemas

Prohibiciones que los gobiernos imponen a las mujeres con el fin de preservar la corrección moral y el orden social:

- **Sudán:** ropa «indecente», incluidos los pantalones y la minifalda
- **Corea del Norte:** pantalones
- **Uganda:** minifalda, pantalones cortos
- **Arabia Saudí:** llevar el pelo o la piel a la vista
- **Francia:** burka y nicab
- **Bélgica:** burka
- **Austria:** burka

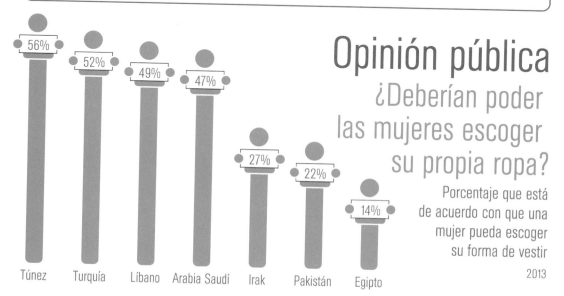

Opinión pública

¿Deberían poder las mujeres escoger su propia ropa?

Porcentaje que está de acuerdo con que una mujer pueda escoger su forma de vestir

2013

Túnez 56% · Turquía 52% · Líbano 49% · Arabia Saudí 47% · Irak 27% · Pakistán 22% · Egipto 14%

Muertes «por honor»

Mujeres y niñas en muchas partes del mundo corren el riesgo de morir asesinadas «por honor» a causa de una conducta considerada impúdica, sexualmente inadecuada o por violar las normas de género. Las muertes «por honor» las suelen ejecutar los familiares, hermanos o padres, para reparar un honor familiar que se considera mancillado por la conducta de la mujer.

Las personas LGBTI corren un mayor riesgo de ser asesinadas «por honor», ya que su mera existencia desafía las normas tradicionales de género.

Otras formas de violencia «por honor» incluyen el matrimonio forzoso y el secuestro y confinamiento de mujeres y niñas «descarriadas». Entre los lugares donde se producen estas muertes están:

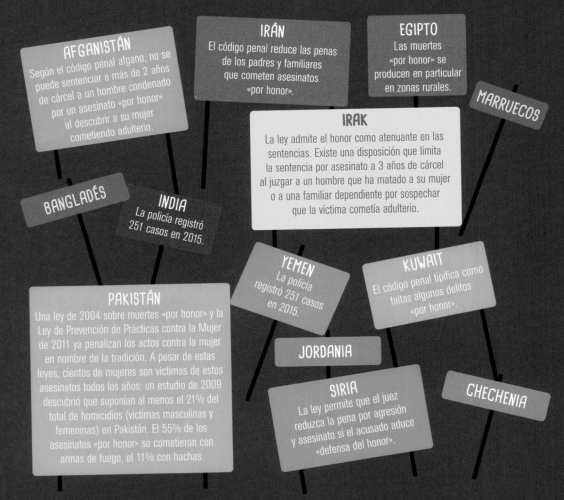

AFGANISTÁN
Según el código penal afgano, no se puede sentenciar a más de 2 años de cárcel a un hombre condenado por un asesinato «por honor» al descubrir a su mujer cometiendo adulterio.

IRÁN
El código penal reduce las penas de los padres y familiares que cometen asesinatos «por honor».

EGIPTO
Las muertes «por honor» se producen en particular en zonas rurales.

MARRUECOS

IRAK
La ley admite el honor como atenuante en las sentencias. Existe una disposición que limita la sentencia por asesinato a 3 años de cárcel al juzgar a un hombre que ha matado a su mujer o a una familiar dependiente por sospechar que la víctima cometía adulterio.

BANGLADÉS

INDIA
La policía registró 251 casos en 2015.

YEMEN
La policía registró 251 casos en 2015.

KUWAIT
El código penal tipifica como faltas algunos delitos «por honor».

PAKISTÁN
Una ley de 2004 sobre muertes «por honor» y la Ley de Prevención de Prácticas contra la Mujer de 2011 ya penalizan los actos contra la mujer en nombre de la tradición. A pesar de estas leyes, cientos de mujeres son víctimas de estos asesinatos todos los años: un estudio de 2009 descubrió que suponían al menos el 21% del total de homicidios (víctimas masculinas y femeninas) en Pakistán. El 55% de los asesinatos «por honor» se cometieron con armas de fuego, el 11% con hachas.

JORDANIA

SIRIA
La ley permite que el juez reduzca la pena por agresión y asesinato si el acusado aduce «defensa del honor».

CHECHENIA

Palizas «justificadas»

Porcentaje de hombres y mujeres de entre 15 y 49 años
que consideran justificado que un hombre agreda
a su mujer por una o más de estas cinco razones:
quemar la comida, discutir con él, salir sin decírselo,
descuidar a los hijos y negarse al sexo.

ejemplos seleccionados, datos más recientes desde 2011

SORPRENDENTEMENTE,
EN LA MAYORÍA DE LOS PAÍSES,
LAS MUJERES ESTÁN MÁS
DISPUESTAS QUE LOS HOMBRES
A JUSTIFICAR QUE SE PEGUE
A UNA ESPOSA.

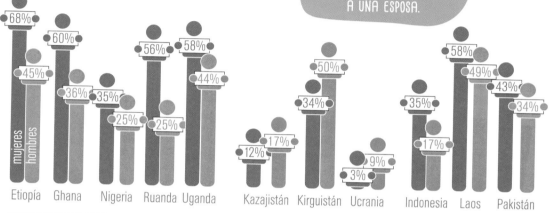

68% 60% 56% 58%
45% 36% 35% 44% 50% 58% 49% 43%
25% 25% 34% 35% 34%
12% 17% 17%
3% 9%

mujeres / hombres

Etiopía Ghana Nigeria Ruanda Uganda Kazajistán Kirguistán Ucrania Indonesia Laos Pakistán

Contarlo, o no

Porcentaje de mujeres que sufren violencia y buscan ayuda
ejemplos seleccionados, datos más recientes desde 2000-2013

EN MUCHOS PAÍSES,
MENOS DE LA MITAD DE LAS
MUJERES QUE SUFREN VIOLENCIA
BUSCAN AYUDA. ENTRE LAS QUE
LO HACEN, LA MAYORÍA RECURRE
A LA FAMILIA Y AMIGAS; MUY
POCAS VAN A LA POLICÍA.

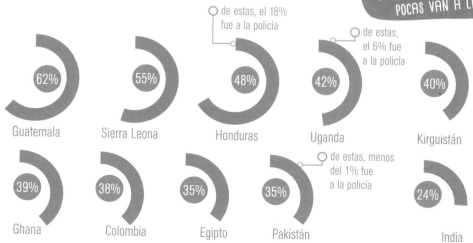

de estas, el 18%
fue a la policía

de estas,
el 6% fue
a la policía

62% 55% 48% 42% 40%

Guatemala Sierra Leona Honduras Uganda Kirguistán

de estas, menos
del 1% fue
a la policía

39% 38% 35% 35% 24%

Ghana Colombia Egipto Pakistán India

43

Violencia doméstica por países

**Mujeres que han sufrido violencia física
en la pareja al menos una vez en su vida**
datos más recientes desde 2010

- 20% o menos
- 21% – 35%
- 36% – 50%
- más del 50%

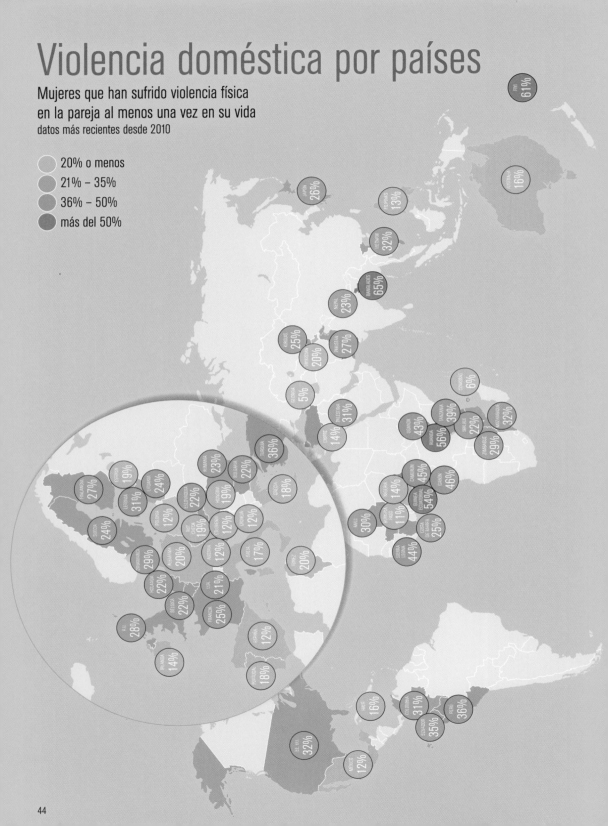

FIYI 61%

AUSTRALIA 16%

JAPÓN 26%

FILIPINAS 13%

VIETNAM 32%

BANGLADÉS 65%

NEPAL 23%

KIRGUIS 25%

PAKISTÁN 27%

KIRGUIZIA 20%

GEORGIA 5%

PALESTINA 31%

EGIPTO 14%

MADAGASCAR 6%

TANZANIA 39%

UGANDA 43%

MALAUI 22%

RUANDA 56%

MOZAMBIQUE 32%

ZIMBABUE 29%

CAMERÚN 45%

NIGERIA 14%

GABÓN 46%

GUINEA ECUATORIAL 45%

SANTO TOMÉ Y PRÍNCIPE 54%

MALI 30%

REPÚBLICA DEMOCRÁTICA DEL CONGO 11%

COSTA DE MARFIL 25%

SIERRA LEONA 44%

FINLANDIA 27%

ESTONIA 19%

LITUANIA 24%

TURQUÍA 36%

LETONIA 31%

RUMANÍA 23%

BULGARIA 22%

ESLOVAQUIA 22%

REP. CHECA 19%

HUNGRÍA 19%

GRECIA 18%

SUECIA 24%

POLONIA 12%

AUSTRIA 13%

ESLOVENIA 12%

CROACIA 12%

ALEMANIA 20%

ITALIA 17%

INDIA 20%

BÉLGICA 22%

HOLANDA 22%

R.U. 28%

LUX. 21%

IRLANDA 14%

FRANCIA 25%

ESPAÑA 12%

PORTUGAL 18%

HAITÍ 16%

COLOMBIA 31%

PERÚ 36%

ECUADOR 35%

EE. UU. 32%

MÉXICO 12%

Violencia doméstica por regiones

Porcentaje de mujeres de entre 15 y 69 años que alguna vez
han tenido una relación y han sufrido violencia por parte de su pareja
datos más recientes desde 2010

"Una importante fracción de la población mundial
se ve constantemente sometida a torturas,
hambre, terrorismo, humillaciones, mutilaciones e
incluso asesinatos por el hecho de ser mujer.
Delitos como estos contra cualquier otro grupo
que no fuera la mujer se considerarían una
emergencia política y social, flagrantes crímenes
de lesa humanidad contra las víctimas."

Charlotte Bunch

Norteamérica
21%

Caribe
27%

América
Central
30%

Latinoamérica
andina
41%

Sur de
Latinoamérica
24%

Media
mundial
30%

Europa
Occidental
19%

Europa
Central
28%

Europa
del Este
26%

Norte de África /
Oriente Medio
35%

Oeste
del África
Subsahariana
42%

Este
del África
Subsahariana
39%

Asia Central
23%

Centro
del África
Subsahariana
66%

Sur del
África
Subsahariana
30%

Sur de Asia
42%

Asia
Oriental
16%

Sudeste
Asiático
28%

Oceanía
35%

El maltrato en la pareja

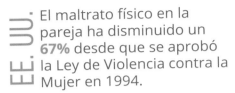

EE. UU.: El maltrato físico en la pareja ha disminuido un **67%** desde que se aprobó la Ley de Violencia contra la Mujer en 1994.

PERO... SIGUE SIENDO MUY FRECUENTE

EE. UU.: violencia física por raza y origen étnico

Mujeres que han sufrido en su vida violencia física por parte de su pareja

2011

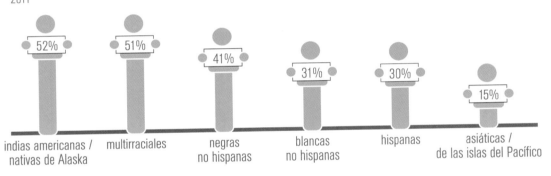

indias americanas / nativas de Alaska	multirraciales	negras no hispanas	blancas no hispanas	hispanas	asiáticas / de las islas del Pacífico
52%	51%	41%	31%	30%	15%

Inglaterra y Gales

La violencia doméstica supone un tercio de todos los delitos violentos denunciados en Inglaterra y Gales.

En un año, entre marzo de 2015 y marzo de 2016, 1,2 millones de mujeres y 651.000 hombres sufrieron violencia doméstica.

En la década anterior a 2016, un 9% de las mujeres entre 16 y 59 años sufrieron violencia doméstica; en las jóvenes de entre 16 y 19 años, fue un 13%.

India

Entre 2001 y 2012, el 45-50% de todos los delitos catalogados «contra la mujer» (frente a otros genéricos) fue el «maltrato por parte del marido o los parientes».

China

La agencia gubernamental encargada de promover los derechos de la mujer calcula que 1 de cada 4 mujeres casadas sufre agresiones.

La primera ley china contra la violencia doméstica, la Ley de Violencia en la Familia, entró en vigor en 2016.

Refugios para mujeres

Año de apertura de la primera casa de acogida

países seleccionados

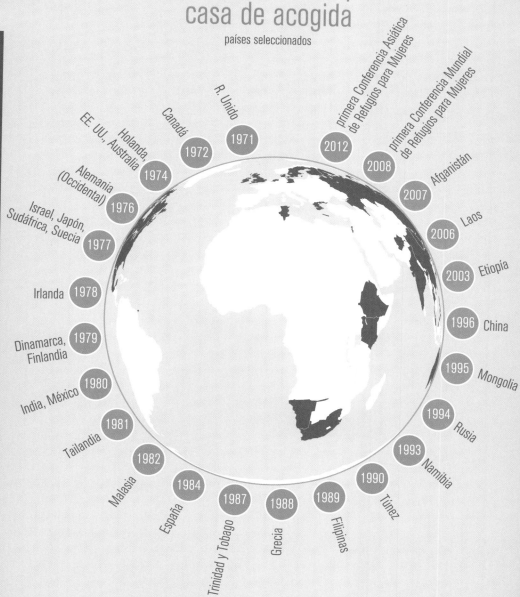

R. Unido 1971

Canadá 1972

Holanda, EE. UU., Australia 1974

Alemania (Occidental) 1976

Israel, Japón, Sudáfrica, Suecia 1977

Irlanda 1978

Dinamarca, Finlandia 1979

India, México 1980

Tailandia 1981

Malasia 1982

España 1984

Trinidad y Tobago 1987

Grecia 1988

Filipinas 1989

Túnez 1990

Namibia 1993

Rusia 1994

Mongolia 1995

China 1996

Etiopía 2003

Laos 2006

Afganistán 2007

primera Conferencia Mundial de Refugios para Mujeres 2008

primera Conferencia Asiática de Refugios para Mujeres 2012

Matrimonio en caso de violación

En muchos países, la ley permite a un violador eludir su pena si se casa con su víctima, casi siempre tanto si ella está de acuerdo como si no. Con tal de preservar el «honor» de la familia, suele ser esta la que fuerza a las mujeres a estos matrimonios. Las organizaciones feministas y de derechos humanos se oponen con fuerza a estas leyes, con un éxito creciente.

Violar con impunidad

Los vacíos y exoneraciones legales en caso de violación y matrimonio siguen vigentes en:

BARÉIN

En 2016, el parlamento votó la derogación de la ley, pero en 2017 el gobierno solo estaba dispuesto a derogar la opción del matrimonio en caso de violación en grupo.

CAMERÚN
Si la víctima supera la edad de la pubertad.

Un violador puede evitar el castigo si obtiene el permiso del tutor de la víctima para casarse legalmente, y si el tutor pide que no se castigue al violador.

TONGA
Con el consentimiento de los padres de la víctima.

¡Derogada! ¡Gracias, feministas!

A WHITE DRESS DOESN'T COVER THE RAPE

#Undress522

ARTICLE 522 OF THE LEBANESE PENAL CODE EXONERATES A RAPIST IF HE MARRIES HIS VICTIM.

What does the Lebanese Penal Code provide in its article 522?

"In the event a legal marriage is concluded between the person who committed any of the crimes mentioned in this chapter [including rape, kidnapping and statutory rape], and the victim, prosecution shall be stopped and in case a decision is rendered, the execution of such decision shall be suspended against the person who was subject to it. Prosecution or the execution of the penalty shall be resumed before the lapse of three years in cases of misdemeanors and five years in cases of felonies, in the event such marriage ends by the divorce of the woman without a legitimate reason or by a divorce which is decided by court in favor of the woman."

Article 522 includes the crimes already mentioned in the chapter "offenses against honor" that deals with rape, kidnapping, seduction, indecency, and the violation of women's private spaces.

Why is ABAAD working on abolishing article 522? And how?

Article 522 of the Lebanese Penal Code is considered as a blatant discrimination against girls and women and their human rights and applies all over Lebanese territory. Our campaign Abolish 522 aims to:
- Push for the abolition of article 522.
- Stress on the right of women survivors of rape to refuse to marry their rapist, and put an end to their stigmatization and shaming.
- Encourage people to join our cause, through the clear differentiation between the act of rape as a crime, and what society considers as the women's honor.
- Emphasize that forcing women to marry their rapist is a repressive act that legitimizes rape against women on a daily basis. Parents should therefore be convinced that the marriage of the victim to her rapist is not the solution and does not protect women.
- Rape is a crime, and the rapist should be punished.

ABAAD, un grupo de mujeres de Líbano, defiende los derechos sexuales y de género desde 2011. En 2017 lanzó una ambiciosa campaña contra la ley de matrimonios con violadores con la etiqueta *#Undress522* en las redes sociales. La ley se derogó ese mismo año. Otras leyes discriminatorias siguen vigentes.

Violación

Porcentaje de mujeres que han sufrido violencia sexual
al menos una vez en su vida

datos más recientes desde 2011

EUROPA De media, solo el 14% de las violaciones denunciadas acaban en una condena.

FINLANDIA 17%

R.U. 14%

HOLANDA 18%

POLONIA 5%

IRLANDA 8%

ALEMANIA 12%

RUMANÍA 6%

ESPAÑA 6%

EE. UU. 19%

CANADÁ En 2015, la policía registró 27.000 delitos de violencia sexual.

MÉXICO 39%

R.D. CONGO En la zona oriental del país, el 34% de los hombres afirmó haber ejercido algún tipo de violencia sexual.

ECUADOR 26%

EE. UU. De media, el 19% de las mujeres han sido violadas alguna vez en su vida; el 28% ha sufrido algún tipo de contacto sexual no deseado, incluidos los tocamientos y besos a la fuerza. El 39% de las indias americanas / nativas de Alaska han sido violadas.

SUDÁFRICA Sudáfrica tiene uno de los índices de violaciones más altos del mundo. En un estudio de 2009, el 28% de los hombres afirmó haber violado a una mujer, la mayoría en múltiples ocasiones. En 2015 y 2016, la policía recibió 43.000 denuncias de violación, una pequeña parte de las cometidas. Las organizaciones de derechos humanos calculan que el 40% de las sudafricanas sufrirá una violación en su vida y que solo se denuncia 1 de cada 9. La tasa de condenas ronda el 4%-8% de las denuncias.

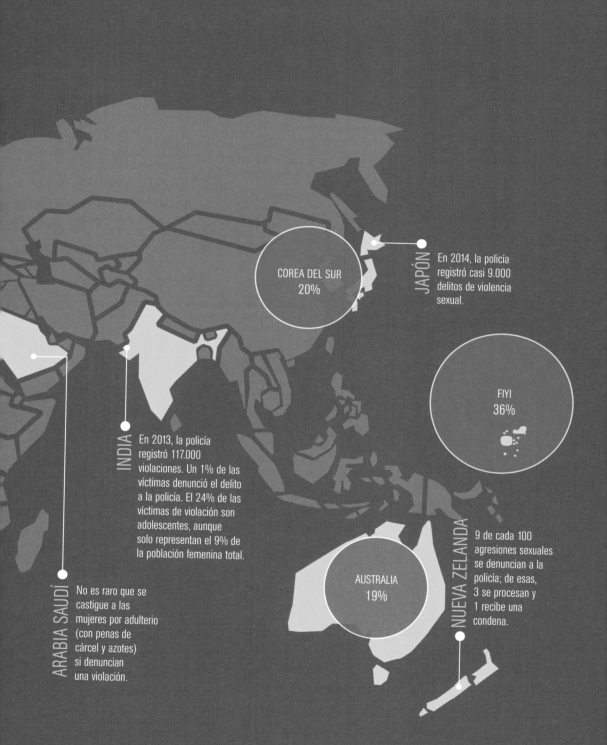

COREA DEL SUR
20%

JAPÓN

En 2014, la policía
registró casi 9.000
delitos de violencia
sexual.

FIYI
36%

INDIA

En 2013, la policía
registró 117.000
violaciones. Un 1% de las
víctimas denunció el delito
a la policía. El 24% de las
víctimas de violación son
adolescentes, aunque
solo representan el 9% de
la población femenina total.

NUEVA ZELANDA

9 de cada 100
agresiones sexuales
se denuncian a la
policía; de esas,
3 se procesan y
1 recibe una
condena.

AUSTRALIA
19%

ARABIA SAUDÍ

No es raro que se
castigue a las
mujeres por adulterio
(con penas de
cárcel y azotes)
si denuncian
una violación.

Violación en zonas de guerra

Violación sistemática o generalizada de mujeres por soldados / paramilitares en conflictos armados

desde los años 90 a 2018, donde hay constancia

El Tratado de Roma de 1998 catalogó la violación, la esclavitud sexual, la prostitución forzosa, los embarazos impuestos y la esterilización obligatoria como crímenes de lesa humanidad y crímenes de guerra. En 2008, el Consejo de Seguridad de la ONU exigió el fin del uso de la violencia sexual como herramienta de guerra.

Bosnia y Herzegovina

Las fuerzas serbias violaron a entre 20.000 y 50.000 mujeres musulmanas (bosnias) en 1992, muchas en «campos de violación».

Birmania

La violación es un elemento sistemático de la campaña de expulsión del país de la minoría étnica musulmana de los rohinyás.

Sudán del Sur

Hay impunidad para las violaciones, las violaciones en grupo y la esclavitud sexual. Son frecuentes los secuestros de niñas para servir de esclavas sexuales de los caudillos.

R.C.A.

La violación y la esclavitud sexual han sido elementos intencionados de los ataques armados en el encarnizado conflicto en el oeste de la R.C.A. desde 2012.

R.D. Congo

Hace años que las violaciones alcanzan unas cifras inimaginables. Decenas de miles de personas, hombres también, han sido secuestradas, violadas y atacadas con brutalidad. Un estudio de 2010 reveló que el 22% de los hombres y el 30% de las mujeres en el este del Congo afirmaban haber sufrido violencia sexual relacionada con los conflictos.

Filipinas

Aumento en las denuncias de violación por parte de las fuerzas armadas en operaciones «antiterroristas», en especial en Mindanao. El presidente Duterte ha bromeado con frecuencia sobre las violaciones en este conflicto, como si las fomentase.

Mapa de países: MÉXICO, GUATEMALA, EL SALVADOR, COLOMBIA, PERÚ, RUSIA, AZERBAIYÁN, SIRIA, IRAK, AFGANISTÁN, Jammu y Cachemira, INDIA, NEPAL, ARGELIA, LIBIA, MALI, CHAD, SUDÁN, YEMEN, SOMALIA, BIRMANIA, SRI LANKA, FILIPINAS, ISLAS SALOMÓN, SIERRA LEONA, LIBERIA, COSTA DE MARFIL, NIGERIA, RUANDA, ETIOPÍA, KENIA, BURUNDI, INDONESIA, PAPÚA NUEVA GUINEA, ANGOLA, MOZAMBIQUE, SUDÁFRICA

El violador en casa

Porcentaje de mujeres que han sufrido violencia sexual a manos de su pareja al menos una vez en la vida

ejemplos seleccionados, datos más recientes desde 2011

LA MUJER TIENE UN RIESGO
4 VECES MAYOR DE CONTRAER
ENFERMEDADES DE TRANSMISIÓN
SEXUAL, INCLUIDO EL VIH,
EN RELACIONES VIOLENTAS
QUE EN RELACIONES
NO VIOLENTAS.

País	%
España	4%
Australia, Nigeria	5%
México	6%
Perú	8%
EE. UU., Francia, Jordania	9%
R. Unido, Suecia	10%
Haití, Holanda	11%
Turquía	12%
Mali, Japón	14%
Palestina	15%
Camerún	20%
Zimbabue	26%
Bangladés	37%

Violación marital

En muchos países, la violación marital no está tipificada como un delito. En otros, incluidos los que figuran aquí, la violación en el matrimonio es permisible.

Irán

El artículo 1108 del Código Civil iraní obliga a la esposa a satisfacer siempre las necesidades sexuales de su marido. Si esta se niega, su conducta se considera *noshuz*, desobediencia, y puede perder sus derechos de manutención.

India

En agosto de 2017, el gobierno indio presentó un escrito legal formal en contra de la penalización de la violación marital. Al gobierno le preocupaba que penalizarla pudiese «desestabilizar la institución del matrimonio [y convertirse] en un recurso fácil para acosar al marido».

Bahamas

En 2009, un miembro del Parlamento presentó un proyecto de ley que habría penalizado la violación marital. Ante una oposición considerable, el proyecto se abandonó.

NIGERIA

JORDANIA

OMÁN

SRI LANKA

SINGAPUR

INDONESIA

TANZANIA

GHANA

LESOTO

Asesinato de mujeres

EE. UU.

En 2015 fueron asesinadas más de 1.800 mujeres y niñas (en crímenes con un solo atacante o una sola víctima). El asesino era un hombre en más del 90% de los casos. Entre 2004 y 2014 fueron 10.018 las asesinadas. Muy pocas murieron a manos de desconocidos: el asesino fue la pareja en más del 50% de los casos. Solo un 5% de los hombres son asesinados por sus parejas.

Es 70 veces más probable que una mujer sea asesinada en las semanas posteriores a abandonar a una pareja maltratadora que en cualquier otro momento.

Canadá

Es 3 veces más probable que sufra maltrato una mujer indígena que una mujer no indígena, y 4 veces más probable que mueran asesinadas. Un informe de 2014 concluyó que entre 1980 y 2012 fueron asesinadas 1.017 mujeres indígenas y que desaparecieron otras 164. Son cálculos que subestiman la realidad. Internacionalmente, una prostituta tiene 100 veces más probabilidades de ser asesinada que una mujer que no lo sea, y es menos probable que se resuelva su asesinato. En Canadá, por ejemplo, entre 1991 y 2014, la tasa general de asesinatos sin resolver fue del 20%; para las trabajadoras sexuales fue del 34%.

Origen étnico, raza y asesinato en EE. UU.

	Porcentaje de asesinatos relacionados con la violencia en la pareja	Porcentaje de asesinatos cometidos con armas de fuego	Tasa de asesinatos por cada 100.000
negro no hispano	51%	58%	4.4
indio americano / nativo de Alaska	55%	39%	4.3
hispano	61%	49%	1.8
blanco no hispano	57%	53%	1.5
asiático / de las islas del Pacífico	58%	40%	1.2

México

En las dos últimas décadas, cientos, quizá miles, de mujeres y niñas han sido secuestradas y asesinadas en el norte de México. Esta «concentración feminicida» parece hallarse en el centro de un choque de fuerzas de actividad criminal organizada, tráfico de drogas y agresiones sexuales mortales, ayudada y fomentada, hasta hace poco, por la indiferencia de las autoridades. Solo en 2011 fueron asesinadas 300 mujeres en la ciudad que se halla en el centro de esta epidemia: Ciudad Juárez.

Francia

Cada 3 días muere una mujer a manos de su pareja o su expareja.

Argentina

Cada 30 horas muere una mujer en lo que las feministas argentinas llaman un «feminicidio»: un asesinato cometido por el marido, el novio, un familiar o un conocido de la víctima.

Brasil

En 2013 fueron asesinadas 4.762 mujeres.

En el mundo
Los 5 países con mayor índice de asesinatos de mujeres y niñas son:
El Salvador
Jamaica
Guatemala
Sudáfrica
Rusia

En el mundo
Hombres y niños constituyen la mayoría de las muertes violentas, pero la tasa de asesinatos de mujeres es igual o supera la de los hombres en muchos países, incluidos algunos con buenos salarios como:
Austria
Alemania
Hong Kong
Japón
Luxemburgo
Nueva Zelanda
Eslovenia
Suiza

Inglaterra y Gales
El maltrato doméstico genera el asesinato de 100 mujeres y 30 hombres al año. De media, una mujer víctima de violencia doméstica sufre 35 ataques antes de llamar a la policía.

Holanda
Más de la mitad de las mujeres asesinadas entre 2011 y 2015 murieron a manos de su pareja o expareja; en el mismo periodo, solo alrededor de un tercio de los hombres asesinados murieron a manos de un conocido.

Rusia
Se calcula que unas 14.000 mujeres son asesinadas al año por sus parejas masculinas.

Alemania
127.457 personas fueron víctimas de asesinato, daños físicos, violación, agresión sexual, amenazas y acoso en 2015. Un 82% de ellas, aproximadamente, eran mujeres.

Bielorrusia
En los 10 primeros meses de 2015, la policía identificó a casi 2.000 víctimas de violencia doméstica, un 76% de las cuales eran mujeres.

Japón
De media, muere una mujer a manos de su pareja o su expareja cada 3 días.

Turquía
A finales de 2015, el grupo Stop Women Murders Now informó de que 328 mujeres habían sido asesinadas aquel año.

Australia
En 2015, 80 mujeres fueron asesinadas con violencia, el 80% como resultado de la violencia doméstica.

Sudáfrica
Cada 6 horas muere una mujer a manos de su pareja o expareja.

Morir por la dote

Tradicionalmente, la familia de la novia ofrecía dinero o regalos (algunos extravagantes) a la del novio para garantizar que se cuidara a la mujer en su nuevo hogar. **La práctica de la dote ya es ilegal en la India,** pero se mantiene a buen ritmo. En miles de casos al año, la familia del novio exige una dote mayor tras la boda, lo que deriva en una extorsión y un acoso que pueden llevar al suicidio o el asesinato de la novia. Los **asesinatos por la dote,** muchos por quemaduras que simulan accidentes en la cocina, se producen en el mundo de vez en cuando, pero su incidencia es especialmente **elevada en Bangladés, la India y Pakistán.**

Pakistán

- Aunque la India tiene el mayor número absoluto de muertes por la dote, Pakistán tiene el índice más alto en función de su población.
- Sabemos que 2.000 mujeres son asesinadas **cada** año por extorsiones por la dote; se considera que el **número real de muertes** es mucho mayor.

India

- El Ministerio para el Desarrollo de la Mujer y la Infancia calcula que cerca de 25.000 mujeres se suicidaron o murieron entre 2012 y 2014 por acosos relacionados con la dote.
- En 2015 murieron unas 7.634 mujeres por el acoso relacionado con la dote.
- En 2016 se denunciaron 21 muertes diarias por la dote. Son muchas más las que no se denuncian.
- La tasa de condenas en casos de muerte por la dote es inferior al 35%.

Bangladés

- Entre 2014 y 2016 se registraron 350 muertes por la dote.
- Una organización de derechos humanos de Bangladés calcula que, en 2016, 108 mujeres sufrieron torturas físicas por la dote, 126 fueron asesinadas tras la tortura, y otras 4 se suicidaron después de ser torturadas.

Guerras fundamentalistas contra la mujer

Los derechos de la mujer están sometidos a una creciente presión del fundamentalismo religioso en muchos países: budista en Birmania, católico en Polonia, cristiano en EE. UU., hindú en la India e islámico en Argelia, entre decenas de ejemplos.

Las restricciones sobre la mujer en nombre de la tradición religiosa suelen ser síntomas de mayores abusos en derechos humanos y represión política. Se cultivan en un clima de opresión generalizada que afecta a hombres y mujeres de muy distintas maneras.

En las dos últimas décadas han surgido movimientos fundamentalistas fuertemente militarizados con teologías cuyas raíces conllevan una extrema opresión de la mujer: Al Qaeda, Boko Haram, Al Shabab, los talibanes y el Dáesh (EIIL/EI) han llevado la misoginia organizada a nuevas cotas. Al mismo tiempo, como manifestación de que las personas pueden ser agentes de su propia opresión, hay mujeres que se han unido a estos grupos y aducen la rectitud de sus normas sociales.

Esta oleada fundamentalista tiene respuesta en todas partes. El feminismo se muestra muy activo al desafiar la legitimidad de las prohibiciones fundamentalistas y ofrecer interpretaciones alternativas de los textos religiosos. Las mujeres también han formado grupos de resistencia armada contra el fundamentalismo, especialmente en el Kurdistán y Nigeria.

Boko Haram

Distintivo misógino de Boko Haram:

Secuestrar a niñas escolares, violarlas y obligarlas a «casarse»

- Más de 2.000 mujeres y niñas secuestradas en la última década.

- Las niñas secuestradas soportan violencia física y sexual sistemática, suelen sufrir violaciones en grupo y son entregadas a los guerrilleros como «esposas».

- En los combates mueren muchos más hombres que mujeres, pero estas son la inmensa mayoría de los 1,8 millones de personas desplazadas internamente en el noreste de Nigeria.

- Pensando que las niñas llaman menos la atención, en 2011 Boko Haram comenzó a usar de forma sistemática a las secuestradas como terroristas suicidas. De los 338 atentados suicidas de Boko Haram entre 2011 y 2017 en que se pudo identificar el sexo del terrorista, 244 eran mujeres o niñas.

- Las 300 escolares raptadas cerca de Chibok (Nigeria) en 2014 y las 110 de Dapchi en 2017 solo son dos ejemplos de los muchos y continuos secuestros colectivos.

Dáesh / EIIL / EI

Distintivo misógino del Dáesh:

Crear una justificación teológica formal para violar y esclavizar a niñas y mujeres

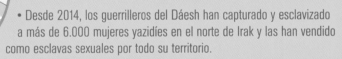

- Desde 2014, los guerrilleros del Dáesh han capturado y esclavizado a más de 6.000 mujeres yazidíes en el norte de Irak y las han vendido como esclavas sexuales por todo su territorio.

- Los líderes religiosos del Dáesh afirman que toda persona de sexo femenino dentro de su territorio, esclavas y no esclavas incluso de 9 años, pueden ser esclavizadas o casadas con militantes del Dáesh como botín de guerra.

- El Dáesh exige que las mujeres se «oculten y lleven velo»: en su territorio, en público, han de ir acompañadas de un tutor y lucir un velo doble, una abaya suelta y guantes.

- El Dáesh crea brigadas de mujeres que imponen al resto el cumplimiento de las normas sociales.

- Las minorías sexuales sufren torturas y asesinatos, en especial los gays, pero las lesbianas sufren enérgicas persecuciones.

- A pesar de perder la mayoría de su territorio en 2017, quedan células y guerrilleros individuales que mantienen y expanden los mercados y redes de tráfico sexual que establecieron en su apogeo.

Derechos reproductivos

La maternidad ocupa la mayor parte de la vida de millones de mujeres, a veces desde la misma infancia. Las decisiones sobre si tener hijos o no, cuántos y cuándo, cómo conseguir y controlar la anticoncepción y cómo tomar las decisiones reproductivas son centrales en la vida de la mayoría de las mujeres, y las situaciones en que se les niega la capacidad de actuar sobre estas decisiones son demasiadas.

Las legislaciones y normas culturales que limitan el acceso a los anticonceptivos y el aborto, que protegen la violación dentro del matrimonio y dan a los hombres el control sobre las decisiones reproductivas de las mujeres están muy extendidas. En muchos casos, la desigualdad económica modula la capacidad para decidir: un 12% de las mujeres casadas o que viven en pareja del mundo quieren retrasar o impedir la maternidad, pero no tienen acceso a anticonceptivos, con frecuencia porque no los pueden pagar.

El grado de control de la mujer sobre sus opciones reproductivas afecta a su libertad en todas las demás esferas: su participación en la economía, la educación, el hogar y los escenarios político y social, además de su capacidad de ser económica y socialmente autónomas de los hombres.

La lucha por el derecho al aborto, con una fuerte oposición en muchos países, es, en esencia, una lucha por la autonomía de la mujer.

> **Si los hombres pudieran quedarse embarazados, el aborto sería un sacramento.**
>
> Florynce R. Kennedy

Nacimientos

Media de nacimientos por mujer

2015

GROENLANDIA

NORUEGA

ISLANDIA

I. FEROE

SUECIA   FINLANDIA

ESTONIA

RUSIA

LETONIA

LITUANIA

R.U.   DINAMARCA   RUS.

BIELORRUSIA

IRLANDA

HOL.   POLONIA

BÉLGICA   ALEMANIA

REP.   ESLOVAQUIA   UCRAN.

CHECA

LUX.   LIECH.   AUSTRIA   HUNGRÍA   MOLDAVIA

FRANCIA   ESLO.

SUIZA   CROACIA   B-H   SERBIA   RUMANIA

MONT.   KOSOVO   BULGARIA

ALBANIA

PORTUGAL   MACEDONIA

ITALIA   GRECIA

ESPAÑA

MALTA

CANADÁ

EE. UU.

BERMUDAS

MARRUECOS   TÚNEZ

BAHAMAS   ARGELIA   LIBIA

MÉXICO

CUBA   REP.

DOMINICANA

PUERTO RICO

HAITÍ   MAURITANIA   MALI   NÍGER

BELICE   JAMAICA   I. VÍRGENES   S. MARTÍN (FR)   CHAD

(EE. UU.)   ANTIGUA Y BARBUDA   CABO   SENEGAL

GUATEMALA   HONDURAS   VERDE   BURKINA   BENÍN

EL SALVADOR   ARUBA   GRANADA   STA. LUCÍA   GAMBIA   FASO

NICARAGUA   BARBADOS   GUINEA-BISAU   NIGERIA

COSTA RICA   ANTILLAS HOL.   S. VICENTE Y LAS GRANADINAS   GUINEA   COSTA DE   GHANA   TOGO

PANAMÁ   TRINIDAD Y TOBAGO   SIERRA LEONA   MARFIL   R.C.A.

VENEZUELA   GUYANA   LIBERIA

SURINAM   CAMERÚN

COLOMBIA   GUINEA   CONGO

ECUATORIAL   GABÓN   R.

CON.

ECUADOR   SANTO TOMÉ

Y PRÍNCIPE

PERÚ

BRASIL   ANGOLA

BOLIVIA   NAMIBIA

PARAGUAY

CHILE   ARGENTINA   SUDÁFR

URUGUAY

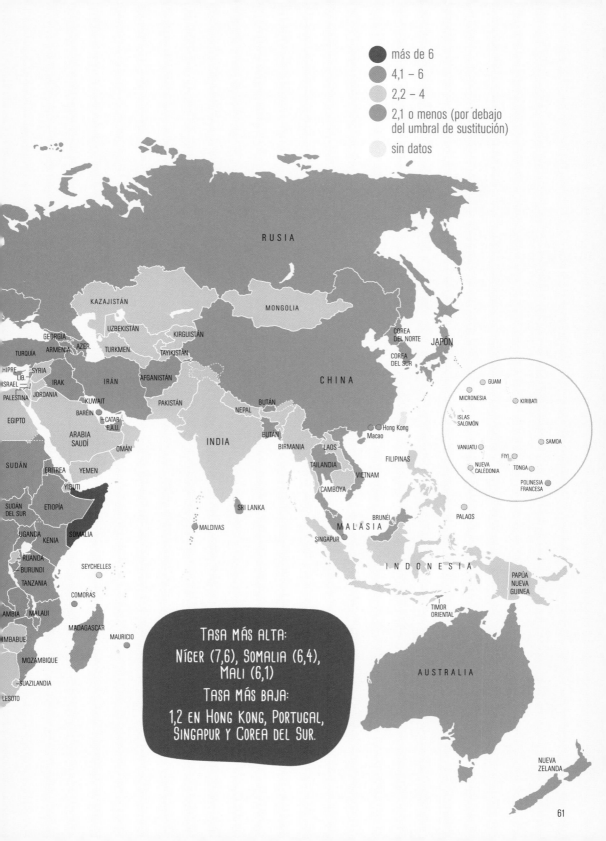

Edad en el primer parto

Media de edad de la mujer ejemplos seleccionados

año más reciente desde 2010

31	España, Singapur
30	Irlanda, Japón
29	Canadá, Dinamarca, Finlandia
28	Bélgica, Inglaterra y Gales
26	EE. UU.
23	Camboya, Egipto, Haití
21	Burundi
20	Afganistán, Cabo Verde, Costa de Marfil, Etiopía, Kenia
19	Bangladés, Nicaragua
18	Chad

LA MAYORÍA DE LOS PAÍSES POSINDUSTRIALES ESTÁ POR DEBAJO DEL UMBRAL DE SUSTITUCIÓN DE 2,1 NACIMIENTOS POR MUJER. A LOS GOBIERNOS LES PREOCUPA EL ENVEJECIMIENTO Y EL RETROCESO DE LA POBLACIÓN: LA INMIGRACIÓN ES LA PRINCIPAL VÍA PARA MANTENERLA O INCREMENTARLA.

Expectativas cambiantes

Media de nacimientos por mujer

1960

2015

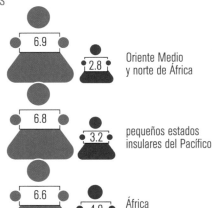

6.9 / 2.8	Oriente Medio y norte de África
6.8 / 3.2	pequeños estados insulares del Pacífico

6.6 / 4.9	África Subsahariana
6.0 / 2.1	Latinoamérica y el Caribe

6.0 / 2.5	sur de Asia
5.0 / 2.5	mundial

5.5 / 2.1	pequeños estados del Caribe
5.4 / 1.8	Asia Oriental y Pacífico

3.7 / 1.8	Norteamérica
2.5 / 1.4	Europa central y países del Báltico
2.6 / 1.6	Unión Europea

La anticoncepción sigue siendo responsabilidad de la mujer

La esterilización femenina es, globalmente, el método anticonceptivo más común. La masculina es más eficaz, menos cara y tiene menos complicaciones, pero rara vez se realiza.

En general, los métodos que requieren de la participación directa del hombre (vasectomía, preservativos y «marcha atrás») suponen un pequeño porcentaje de las prácticas anticonceptivas.

Entre los métodos «modernos» están: esterilización, DIU, implantes, inyectables, anticonceptivos orales, preservativos y anticonceptivos de emergencia.

Entre los «tradicionales» se incluyen: el método del ritmo, los remedios de hierbas, la «marcha atrás» y la abstinencia programada.

Tipos de anticonceptivos

A nivel mundial, el 64% de las mujeres utiliza algún método o dispositivo anticonceptivo en las relaciones heterosexuales. Esto es lo que usan:

Medias mundiales, 2015

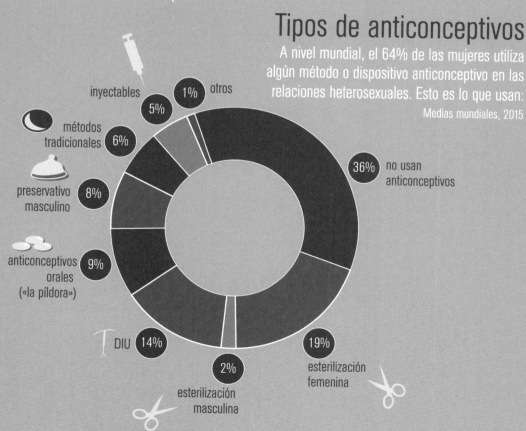

inyectables 5%

otros 1%

métodos tradicionales 6%

preservativo masculino 8%

anticonceptivos orales («la píldora») 9%

DIU 14%

esterilización masculina 2%

esterilización femenina 19%

no usan anticonceptivos 36%

Uso de anticonceptivos

Porcentaje de mujeres de 14 a 49 años que usan anticonceptivos «modernos» en relaciones heterosexuales

2017

- más del 75%
- 51% – 75%
- 26% – 50%
- 11% – 25%
- 10% o menos
- sin datos

Entre los métodos «modernos» están: esterilización, DIU, implantes, inyectables, anticonceptivos orales, preservativos y anticonceptivos de emergencia.

Entre los «tradicionales» se incluyen: el método del ritmo, los remedios de hierbas, la «marcha atrás» y la abstinencia programada.

NORUEGA

SUECIA   FINLANDIA

ESTONIA

LETONIA
LITUANIA
DINAMARCA   RUS.
IRLANDA   R.U.
HOL.   BIELORRUSIA
ALEMANIA   POLONIA
BÉLGICA
REP.
CHECA   ESLOVAQUIA   UCRANIA
AUSTRIA   HUNGRÍA   MOLDAVIA
FRANCIA   ESLO.
RUMANÍA
SUIZA   CROACIA B.H. SERBIA
MONT.   BULGARIA
PORTUGAL   ITALIA   ALBANIA   MACEDONIA
ESPAÑA   TURQUÍA
GRECIA
TÚNEZ
MALTA

CANADÁ

EE. UU.

MÉXICO

BAHAMAS
CUBA   REP.
DOMINICANA
BELICE   JAMAICA   HAITÍ   I. VÍRGENES (EE. UU.)
HONDURAS   S. CRISTÓBAL Y NIEVES   ANTIGUA Y BARBUDA
GUATEMALA   GUADALUPE
EL SALVADOR   NICARAGUA   MONTSERRAT   DOMINICA
GRANADA   STA. LUCÍA   MARTINICA
COSTA RICA   BARBADOS
PANAMÁ   S. VICENTE Y LAS GRANADINAS
VENEZUELA   TRINIDAD Y TOBAGO
GUYANA
COLOMBIA   SURINAM

ECUADOR

PERÚ

BRASIL

BOLIVIA

PARAGUAY

CHILE   ARGENTINA

URUGUAY

MARRUECOS   ARGELIA

CABO
VERDE   MAURITANIA   MALÍ
SENEGAL
GAMBIA   BURKINA   NÍG
GUINEA-BISAU   FASO
GUINEA   COSTA DE   BENÍN
SIERRA LEONA   MARFIL   TOGO
LIBERIA   NIGERIA   GHANA

SANTO TOMÉ
Y PRÍNCIPE

Cambios en el uso de anticonceptivos

Porcentaje de mujeres de 15 a 49 años que usan anticonceptivos (modernos y tradicionales) en relaciones heterosexuales

1970   2015

8%   33%   África

68%   28%   Asia

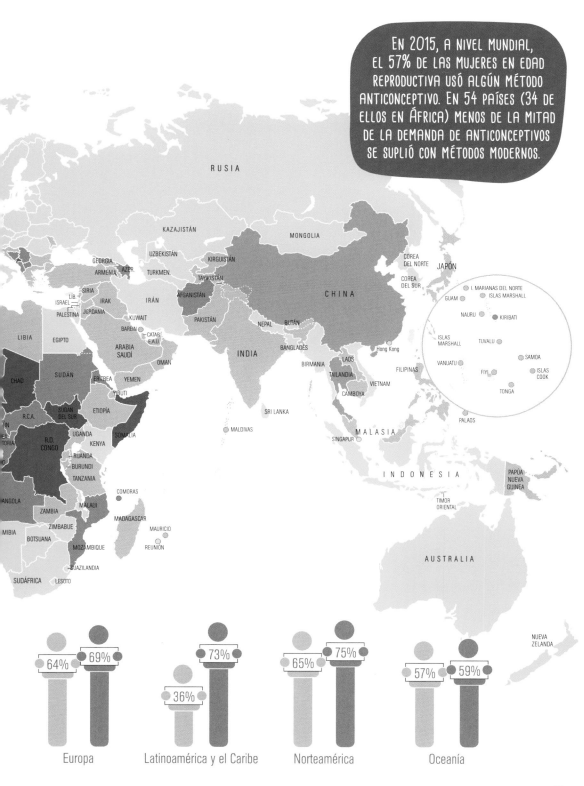

En 2015, a nivel mundial, el 57% de las mujeres en edad reproductiva usó algún método anticonceptivo. En 54 países (34 de ellos en África) menos de la mitad de la demanda de anticonceptivos se suplió con métodos modernos.

RUSIA

KAZAJISTÁN

MONGOLIA

UZBEKISTÁN · KIRGUISTÁN

GEORGIA
ARMENIA · AZER.
TURKMEN. · TAYIKISTÁN

COREA DEL NORTE
JAPÓN
COREA DEL SUR

I. MARIANAS DEL NORTE
GUAM · ISLAS MARSHALL

SIRIA
LÍB.
ISRAEL
IRAK · IRÁN · AFGANISTÁN
CHINA

NAURU · KIRIBATI

PALESTINA
JORDANIA
KUWAIT
PAKISTÁN

ISLAS MARSHALL · TUVALU

LIBIA · EGIPTO
BAREÍN
CATAR
E.A.U.
NEPAL · BUTÁN

VANUATU

SAMOA

ARABIA SAUDÍ
OMAN
INDIA
BANGLADÉS
Hong Kong

FIYI · ISLAS COOK

CHAD · SUDÁN
ERITREA · YEMEN
BIRMANIA
LAOS
TAILANDIA
FILIPINAS

TONGA

YIBUTI
VIETNAM

R.C.A.
SUDÁN DEL SUR
ETIOPÍA
CAMBOYA

PALAOS

IN · ETIOPÍA
SRI LANKA

UGANDA · SOMALIA
R.D. CONGO · KENYA
MALDIVAS
MALASIA
SINGAPUR

RUANDA
BURUNDI
TANZANIA

INDONESIA

PAPÚA NUEVA GUINEA

ANGOLA
COMORAS

ZAMBIA · MALAUI
MADAGASCAR

TIMOR ORIENTAL

ZIMBABUE
MAURICIO

MIBIA · BOTSUANA
MOZAMBIQUE
REUNIÓN

AUSTRALIA

SUAZILANDIA

SUDÁFRICA · LESOTO

NUEVA ZELANDA

64% · 69%

Europa

36% · 73%

Latinoamérica y el Caribe

65% · 75%

Norteamérica

57% · 59%

Oceanía

Iniciativa de Planificación Familiar 2020

En los países pobres, y para las mujeres pobres de cualquier país, comprar anticonceptivos puede ser prohibitivo. Hay en marcha un esfuerzo mundial para poder ofrecérselos a todas las mujeres que lo deseen en **69 países de alta prioridad para 2020.** Las organizaciones y gobiernos que están tras la Iniciativa de Planificación Familiar 2020 (FP2020) son ya grandes suministradores de anticonceptivos en los países en desarrollo.

En 2015 emplearon **269 millones de dólares** en distribuir anticonceptivos. **Es clara su preferencia por los anticonceptivos farmacéuticos y de acción duradera.**

Suministro de anticonceptivos

- DIUS 2%
- preservativo femenino 5%
- preservativo masculino 15%
- anticonceptivos por vía oral 16%
- 32% implantes
- 29% inyectables

Distribución de preservativos de la FP2020

5 primeros países, 2015

- Nigeria 97 m
- R.D. Congo 97 m
- Zimbabue 133 m
- Kenia 68 m
- Pakistán 289 m

Necesidades no satisfechas

● 20% o más de mujeres necesitan anticonceptivos y no cuentan con ellos
2017

214 millones de mujeres en edad reproductiva en regiones en desarrollo desean evitar los embarazos pero no usan métodos anticonceptivos modernos. Esto incluye **155 millones que no usan ninguno** y 59 millones que solo emplean métodos tradicionales.

Un **12%** de las mujeres casadas o que viven en pareja del mundo quieren retrasar o impedir la maternidad, pero no usan o no tienen acceso a anticonceptivos.

La necesidad no satisfecha de anticonceptivos tiene un alto coste en términos de salud materna e infantil, embarazos no deseados y limitaciones en la autonomía socioeconómica de la mujer.

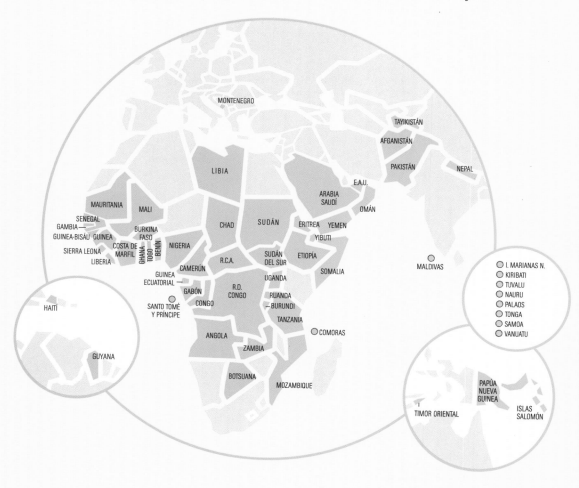

Morir por dar a luz

Las tasas de mortalidad materna caen en casi todo el mundo.

PERO...

No en EE. UU., donde las cifras superan el doble que a finales de los 80. EE. UU. tiene ya la tasa más alta de mortalidad materna del mundo desarrollado y empeora en especial en mujeres de raza negra. Las causas no están claras, pero es una irregularidad mundial.

La más alta: 1.360 muertes por cada 100.000 nacimientos — Sierra Leona

CANADÁ

EE. UU.

MÉXICO

CUBA

BAHAMAS

JAMAICA

HAITÍ

REP. DOMINICANA

PUERTO RICO

BELICE

HONDURAS

GUATEMALA

EL SALVADOR

NICARAGUA

COSTA RICA

PANAMÁ

GRANADA

STA. LUCÍA

BARBADOS

S. VICENTE Y LAS GRANADINAS

TRINIDAD Y TOBAGO

VENEZUELA

COLOMBIA

GUYANA

SURINAM

ECUADOR

PERÚ

BRASIL

BOLIVIA

PARAGUAY

CHILE

ARGENTINA

URUGUAY

ISLANDIA

NORUEGA

SUECIA

FIN

EST

LET

DINAMARCA

RUSIA

R.U.

IRLANDA

HOL

BÉL

LUX

ALEMANIA

POLONIA

R. CHECA

ESL

AUS.

HU

FRANCIA

SUIZA

ESL

CRO

B-H

MONT.

ITALIA

ALB.

MAC

PORTUGAL

ESPAÑA

GRE

TÚNEZ

MALTA

MARRUECOS

ARGELIA

LIBIA

CABO VERDE

MAURITANIA

MALI

NÍGER

CHAD

SENEGAL

GAMBIA

BURKINA FASO

NIGERIA

CAMERÓN

R.C.A.

GUINEA-BISÁU

COSTA DE MARFIL

GHANA

BENÍN

GUINEA

LIBERIA

TOGO

GUINEA ECUATORIAL

SANTO TOMÉ Y PRÍNCIPE

GABÓN

CONGO

R.D. CONG

ANGOLA

NAMIBIA

BOTSU.

SUDÁF

Zonas de peligro

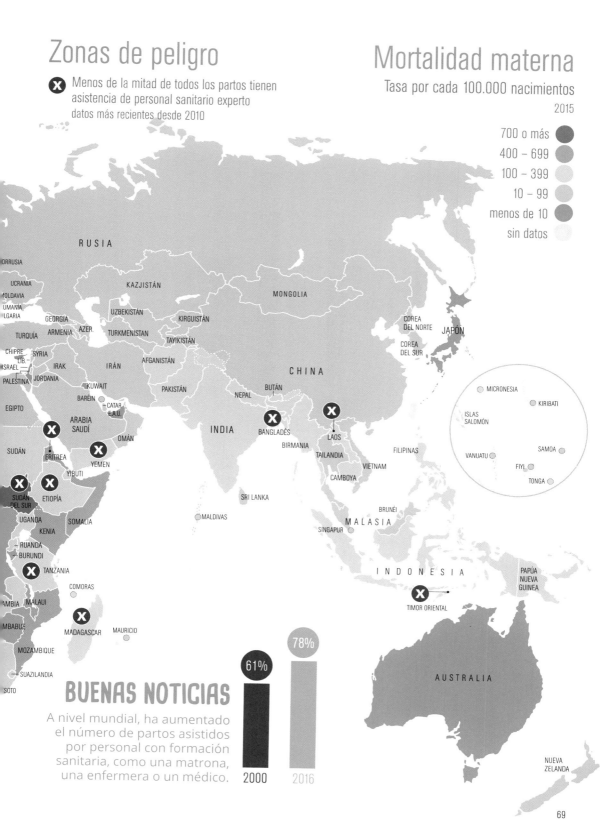

(X) Menos de la mitad de todos los partos tienen asistencia de personal sanitario experto
datos más recientes desde 2010

Mortalidad materna

Tasa por cada 100.000 nacimientos

2015

700 o más
400 – 699
100 – 399
10 – 99
menos de 10
sin datos

RUSIA

BORRUSIA

UCRANIA
MOLDAVIA
UMANÍA
LGARIA
GEORGIA
TURQUÍA   ARMENIA   AZER.
CHIPRE
LIB.   SYRIA
ISRAEL
PALESTINA   JORDANIA
IRAK
EGIPTO

ARABIA
SAUDÍ
SUDÁN
ERITREA   YEMEN
YIBUTI
SUDÁN
DEL SUR   ETIOPÍA
UGANDA
KENIA
SOMALIA
RUANDA
BURUNDI
TANZANIA
COMORAS
AMBIA   MALAUI
MBABUE
MADAGASCAR   MAURICIO
MOZAMBIQUE
SUAZILANDIA
SOTO

KAZJISTÁN
UZBEKISTÁN
KIRGUISTÁN
TURKMENISTAN
TAYIKISTÁN
AFGANISTÁN
IRÁN
KUWAIT
BARÉIN
CATAR
E.A.U.
OMÁN

MONGOLIA

COREA
DEL NORTE   JAPÓN
COREA
DEL SUR

CHINA

PAKISTÁN
NEPAL
BUTÁN
INDIA   BANGLADÉS
BIRMANIA
LAOS
TAILANDIA
VIETNAM
CAMBOYA
SRI LANKA
MALDIVAS
FILIPINAS

BRUNÉI
MALASIA
SINGAPUR

INDONESIA

TIMOR ORIENTAL

MICRONESIA
KIRIBATI
ISLAS
SALOMÓN
VANUATU   SAMOA
FIYI
TONGA

PAPÚA
NUEVA
GUINEA

AUSTRALIA

NUEVA
ZELANDA

BUENAS NOTICIAS

A nivel mundial, ha aumentado
el número de partos asistidos
por personal con formación
sanitaria, como una matrona,
una enfermera o un médico.

61%
78%

2000   2016

Raza, residencia, origen étnico y muerte

EE. UU.

Tasa de mortalidad materna
por cada 100.000 nacimientos
2005–2007

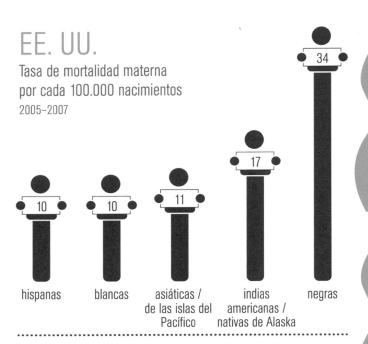

hispanas — 10
blancas — 10
asiáticas / de las islas del Pacífico — 11
indias americanas / nativas de Alaska — 17
negras — 34

Inglaterra

Tasa de mortalidad materna
por cada 100.000 partos
2009–2012

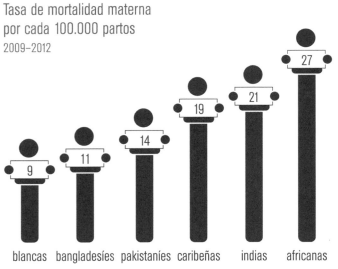

blancas — 9
bangladesíes — 11
pakistaníes — 14
caribeñas — 19
indias — 21
africanas — 27

GUATEMALA

En 2011, la tasa de mortalidad materna en mujeres no indígenas era de 70 por cada 100.000 nacimientos; en mujeres indígenas era de 211.

PANAMÁ

En 2011, la tasa de mortalidad materna en mujeres indígenas rurales era **10 veces mayor** que la media nacional de 70 por cada 100.000 nacimientos.

AUSTRALIA

Entre 2008 y 2012, la tasa de mortalidad materna en mujeres no indígenas fue de 7 por cada 100.000 nacimientos. En mujeres aborígenes y de las islas del estrecho de Torres fue de 14.

"¿Cómo puede ser que una cantidad tal de muertes, enfermedades y discapacidades se siga produciendo durante tanto tiempo con tan pocas protestas? […] Como dijo una matrona: «Si cientos de miles de hombres lo sufriesen y muriesen solos y aterrorizados todos los años, o si millones y millones de hombres sufriesen lesiones, discapacidades y humillaciones con brutales heridas y lesiones sin tratar en los genitales que les causaran un constante dolor, infertilidad, incontinencia y pavor ante el sexo, hace mucho que todos habríamos oído hablar de esto, y ya se habría hecho algo al respecto»."

UNICEF

Leyes sobre el aborto

El aborto puede ser más accesible o más restringido de lo que permite la ley

Julio de 2017

- ⬤ ilegal o con fuertes restricciones, solo para salvar la vida de la mujer
- ⬤ ilegal salvo en contadas excepciones: para salvar la vida de la mujer, preservar su salud y/o cuando el feto sufre malformaciones
- ⬤ legal por motivos socioeconómicos
- ⬤ legal bajo petición, pero generalmente con límites gestacionales
- ⬤ sin datos

Permiso masculino, otra vez

Algunos de los muchos lugares donde es necesario el consentimiento del marido para abortar

2016

Bareín
Indonesia
Kuwait
Malaui
Marruecos
Catar
Arabia Saudí
Islas Salomón
Corea del Sur
Siria
Taiwán
Timor Oriental
Turquía
E.A.U.
Yemen

CANADÁ

ISLANDIA

NORUE

EE. UU.

Irlanda del Norte
R.U.
IRLANDA
HOL
BÉLGICA
LUX.
FRANCIA
ANDORRA MÓNA
PORTUGAL
ESPAÑA

MARRUECOS

ARGELIA

BAHAMAS

MÉXICO
CUBA
REP. DOMINICANA
PUERTO RICO
I. VÍRGENES (R.U.)
GUATEMALA
BELICE
JAMAICA
HAITÍ
I. VÍRGENES (EE. UU.)
ANTIGUA y BARBUDA
HONDURAS
S. CRISTÓBAL Y NIEVES
DOMINICA
EL SALVADOR
S. VICENTE Y LAS GRANADINAS
STA. LUCÍA
NICARAGUA
GRANADA
BARBADOS
COSTA RICA
TRINIDAD Y TOBAGO
PANAMÁ
VENEZUELA
GUYANA
COLOMBIA
SURINAM
GUAYANA FRANCESA

CABO VERDE
MAURITANIA
MALI
NÍ
SENEGAL
BURKINA FASO
GAMBIA
BENIN
GUINEA-BISÁU
GUINEA
NIG
SIERRA LEONA
COSTA DE MARFIL
GHANA
TOGO
LIBERIA
CAM
GUINEA ECUATORIAL
SANTO TOMÉ Y PRÍNCIPE
C

ECUADOR

PERÚ

BRASIL

BOLIVIA

CHILE
PARAGUAY

URUGUAY

ARGENTINA

Una ley restrictiva no impide que una mujer aborte. Solo hace que el aborto sea clandestino y peligroso.

Mundialmente, se practican **56 millones** de abortos todos los años; hay menos allí donde abortar es seguro y los anticonceptivos son accesibles. Las mujeres casadas se someten al 73% de los abortos.

De 2010 a 2014, las tasas medias de abortos en mujeres de 15 a 44 años fueron de:

37 por 1.000 en países donde el aborto está terminantemente prohibido o permitido solo para salvar la vida de la mujer.

34 por 1.000 en países donde se puede abortar bajo solicitud.

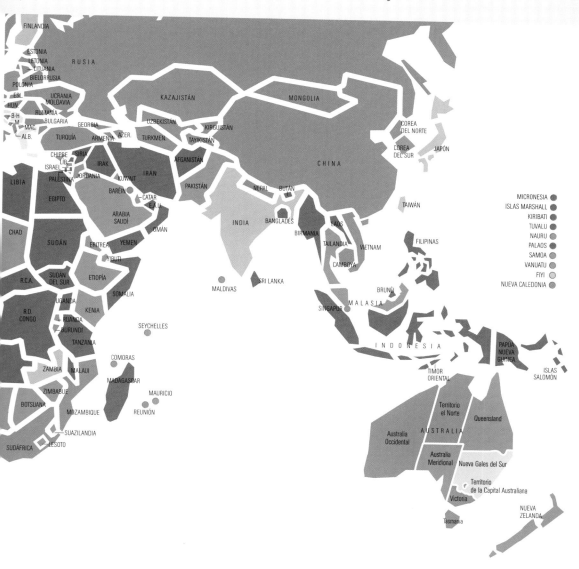

¿Quién aborta?

Tasa de abortos por región

Por cada 1.000 mujeres
2010-2014

35 media mundial

17 Norteamérica

30 Europa

36 Asia

44 Latinoamérica

34 África

19 Oceanía

Tasa de abortos en mujeres casadas

Por cada 1.000 mujeres
2010–2014

14 Norteamérica

38 Europa

38 Asia

36 media mundial

49 Latinoamérica

26 África

15 Oceanía

Tasa de abortos en mujeres solteras

Por cada 1.000 mujeres
2010–2014

20 Norteamérica

16 Europa

23 Asia

25 media mundial

28 Latinoamérica

36 África

20 Oceanía

Seguridad y accesibilidad

Casi la mitad de los abortos del mundo se realizan en condiciones inseguras. En los países donde está prohibido o muy restringido, **solo es seguro 1 de cada 4 abortos**; En los países donde es legal en más supuestos, cerca de 9 de cada 10 se realizan en condiciones. Restringir el aborto no reduce su número, sino el número de abortos sin riesgo. **25 millones de mujeres se someten** a abortos inseguros cada año. Las mujeres de África y Latinoamérica padecen los índices más altos; es en África donde una mujer tiene el mayor riesgo de morir por un aborto inseguro. Estas desigualdades reflejan unas restricciones legales, financieras y logísticas que hacen que un aborto seguro, y con frecuencia también los anticonceptivos, queden fuera del alcance de muchas mujeres del mundo.

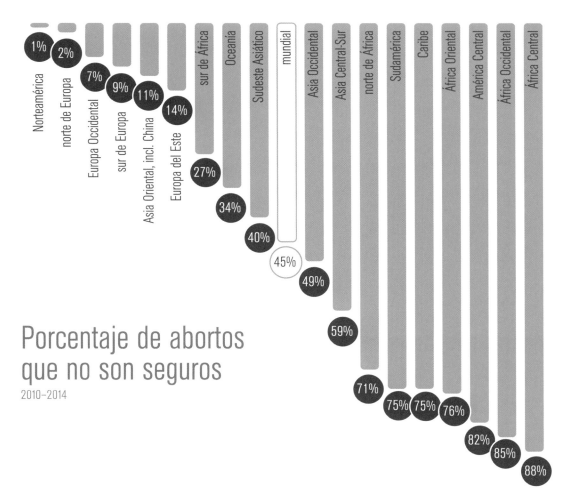

Porcentaje de abortos que no son seguros
2010–2014

Norteamérica 1%
norte de Europa 2%
Europa Occidental 7%
sur de Europa 9%
Asia Oriental, incl. China 11%
Europa del Este 14%
sur de África 27%
Oceanía 34%
Sudeste Asiático 40%
mundial 45%
Asia Occidental 49%
Asia Central-Sur 59%
norte de África 71%
Sudamérica 75%
Caribe 75%
África Oriental 76%
América Central 82%
África Occidental 85%
África Central 88%

El retorno de las perchas

A pesar de que EE. UU. es un país legalmente laico, las creencias religiosas conservadoras pesan cada vez más en la política sobre el aborto. Si a esto se suma la indiferencia de muchos legisladores hombres sobre sus esfuerzos por controlar el cuerpo de la mujer, el resultado es un impresionante ataque contra los derechos reproductivos en EE. UU. Dada la legalidad del aborto a escala federal, la batalla se libra en cada estado, donde no se puede prohibir, pero asistimos a un esfuerzo coordinado para reducir el acceso de las mujeres al aborto. Ahora también se ataca el acceso a los anticonceptivos.

En los primeros 6 meses de 2017 se presentaron 431 disposiciones estatales para restringir el acceso al aborto. De ellas, 41 se habían convertido en leyes en junio.

Una directiva de Trump de octubre de 2017 permite a las empresas eliminar de sus seguros médicos la cobertura de anticonceptivos. Antes era un servicio básico de prevención.

En 2014, el 90% de los condados estadounidenses carecía de clínicas que realizaran abortos. 7 estados tienen una sola clínica *para todo el estado.*

21 estados restringen la cobertura del aborto en los seguros médicos de los empleados públicos.

En 32 estados, las mujeres con ayudas públicas sanitarias (Medicaid) solo tienen cubierto el aborto cuando su vida está en peligro o si el embarazo es resultado de una violación o de incesto. En Dakota del Sur no se permite que Medicaid cubra los casos de violación e incesto.

11 Estados, entre ellos Arizona, Indiana, Kentucky y Nebraska, tienen leyes que limitan la cobertura del aborto en los seguros médicos *privados* dentro de su territorio.

Como reflejo de la opinión religiosa de que la vida comienza en la concepción, muchos estados (Arkansas, Iowa, Texas, Carolina del Norte, etc.) exigen un funeral por los restos del tejido fetal.

Los prefieren varones

La preferencia cultural por los hijos frente a las hijas es casi universal. Cada vez son más los países donde esta preferencia genera distorsiones demográficas. Se calcula que «faltan» entre 117 y 126 millones de mujeres en Asia y Europa del Este como consecuencia de la preferencia por los hijos varones y la selección del sexo. La tendencia ha cambiado geográficamente con el tiempo. Se vio primero en Bangladés, China, la India, Pakistán y Corea del Sur en los años 80; después en ciertos países del Cáucaso (Armenia, Azerbaiyán y Georgia) en los 90, y recientemente en Albania, Montenegro y Vietnam. En 1995, solo 6 países tenían un claro desequilibrio de niños frente a niñas. Hoy son más de 20 los países con proporciones desequilibradas a favor de los niños. Corea del Sur es el único país que ha revertido esta tendencia en las tres últimas décadas.

Esta preferencia adopta muchas formas y suele comenzar en el vientre materno. La proporción de nacimientos es la prueba más clara de esto. Los ultrasonidos son el primer medio de discriminación prenatal: es fácil acceder a un escáner para detectar el feto de sexo femenino y abortarlo. La discriminación posnatal está muy extendida y genera desequilibrios a través del infanticidio femenino o el abandono intencionado (alimentando menos a las niñas u omitiendo la atención médica).

La proporción de sexos está tan desequilibrada en algunos países (hasta 80 niñas por cada 100 niños) que se producen alteraciones sociales generalizadas al masculinizarse sociedades enteras. Entre otras consecuencias, la escasez de mujeres parece contribuir a incrementos locales y regionales en el secuestro y tráfico de mujeres (véanse las páginas 98-99). Esta preferencia refleja una combinación de religión, economía y cultura. Al generalizarse las familias pequeñas, la presión por tener hijos se acelera. Se otorga un valor económico menor a las niñas que a los niños, algo reforzado por el matrimonio, las dotes y las herencias. La preferencia por el varón se consideraba cosa de los pobres, pero la realidad sugiere lo contrario: una mayor riqueza amplía la percepción del mayor valor del varón.

Preferencia por un sexo en EE. UU.

Si solo pudieras tener un hijo, ¿preferirías un niño o una niña?
2011

 niño   niña me da igual

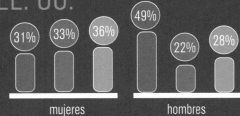

La India: menos niñas que niños

Proporción de niños por sexos: número de niñas
de 0 a 6 años por cada 100 niños en la India

2011

1991: 94,5 niñas por cada 100 niños
2001: 94,5 niñas por cada 100 niños
2011: 91,8 niñas por cada 100 niños

○ 83 niñas por cada 100 niños
○ 84 – 89
○ 90 – 93
● 94 – 97 niñas por cada 100 niños

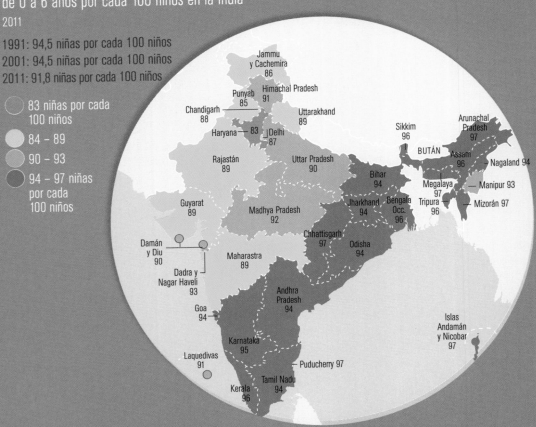

Jammu y Cachemira 86
Himachal Pradesh 91
Punyab 85
Chandigarh 88
Haryana 83
Delhi 87
Uttarakhand 89
Sikkim 96
Arunachal Pradesh 97
BUTÁN
Assam 96
Nagaland 94
Megalaya 97
Manipur 93
Tripura 96
Mizorán 97
Rajastán 89
Uttar Pradesh 90
Bihar 94
Jharkhand 94
Bengala Occ. 96
Guyarat 89
Madhya Pradesh 92
Chhattisgarh 97
Odisha 94
Damán y Diu 90
Maharastra 89
Dadra y Nagar Haveli 93
Andhra Pradesh 94
Islas Andamán y Nicobar 97
Goa 94
Karnataka 95
Puducherry 97
Laquedivas 91
Tamil Nadu 94
Kerala 96

Las mujeres que faltan

estimación entre 2010 y 2015

Diferencia entre el número de mujeres y niñas
en la población y el número que cabría esperar
de no haber preferencia por el sexo masculino.

Nigeria	Pakistán	India	Bangladés
2 m	4 m	45 m	2 m

China: nacen más niños que niñas

Proporción por sexos al nacer: número de niños que nacen por cada 100 niñas
Proporción natural por sexos al nacer: 105 niños por cada 100 niñas.
2014

En China, la proporción por sexos al
nacer se desequilibra cada vez más
y ha pasado de 109 niños por cada
100 niñas en 1982 a 117-118 niños
por cada 100 niñas en los últimos años.

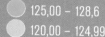

125,00 – 128,6
120,00 – 124,99
115,00 – 119,99
110,00 – 114,99
106,00 – 109,99

Xinjiang

Gansu

Mongolia Interior

Pekín

Tianjin

Qinghai

Ningxia

Shanxi

Hebei

Shandong

Tíbet

Shaanxi

Henan

Jiangsu

Sichuan

Hubei

Shanghái

Anhui

Zhejiang

Jiangxi

Hunan

Guizhou

Fujian

Yunnan

Guangxi

Guangdong

Macao

H.K.

Hainan

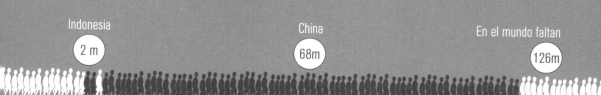

Indonesia
2 m

China
68m

En el mundo faltan
126m

Selección antinatural

pruebas demográficas claras de preferencia por el hijo varón
datos más recientes desde 2012

Selección prenatal del sexo

proporción natural = 105 niños por cada 100 niñas
países seleccionados, datos más recientes desde 2012

niños nacidos por cada 100 niñas

110 MACEDONIA
109 MONTENEGRO
KOSOVO
108 GEORGIA
KAZAJISTÁN
109 ALBANIA
114 ARMENIA
LÍBANO
116 AZERBAIYÁN
IRÁN
JORDANIA KUWAIT
AFGANISTÁN
BARÉIN
EGIPTO
PAKISTÁN
NEPAL
117 CHINA
Hong Kong
Macao
TAIWÁN
NÍGER
SUDÁN
NIGERIA
SUDÁN DEL SUR
UGANDA
110 BANGLADÉS
INDIA
MALDIVAS
112 VIETNAM
VANUATU
SAMOA
107 SINGAPUR
INDONESIA
PAPÚA NUEVA GUINEA

Selección posnatal del sexo

datos más recientes desde 2012

niños por cada 100 niñas de 0 a 4 años, 2015 o lo más reciente

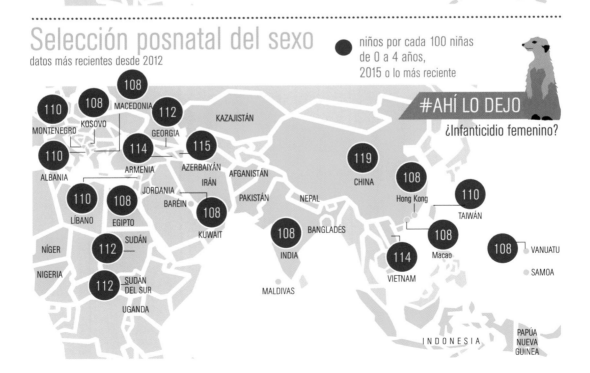

#AHÍ LO DEJO

¿Infanticidio femenino?

110 MONTENEGRO
108 MACEDONIA
108 KOSOVO
112 GEORGIA
KAZAJISTÁN
110 ALBANIA
114 ARMENIA
115 AZERBAIYÁN
IRÁN
AFGANISTÁN
110 LÍBANO
JORDANIA
108 EGIPTO
BARÉIN
108 KUWAIT
PAKISTÁN
NEPAL
119 CHINA
108 Hong Kong
110 TAIWÁN
NÍGER
112 SUDÁN
NIGERIA
112 SUDÁN DEL SUR
UGANDA
108 INDIA
BANGLADÉS
MALDIVAS
114 VIETNAM
108 Macao
108 VANUATU
SAMOA
INDONESIA
PAPÚA NUEVA GUINEA

Política corporal

> Estaba en el ambiente, o eso le parecía a Kiki, ese odio hacia la mujer y hacia su cuerpo: se filtraba en la casa con cada corriente de aire; lo traía la gente en los zapatos, se respiraba en los periódicos. No había forma de controlarlo.

Zadie Smith, *Sobre la belleza*

> Me encanta mi cuerpo y jamás cambiaría nada en él. No te pido que a ti te guste, solo que me dejes ser yo misma. Porque voy a influir en las chicas que se parecen a mí, y quiero que se sientan bien consigo mismas.

Serena Williams

La mujer en las Olimpiadas

Cuándo se introdujo la participación femenina en los Juegos Olímpicos

El deporte estructura y lleva inmersa la noción de una masculinidad y una femineidad apropiadas. Se suele considerar que los hombres a los que no les gusta el deporte son sospechosamente poco viriles; en la mujer, ser fuerte, musculosa y hábil en el deporte contradice la idea convencional de femineidad. La participación de la mujer en las Olimpiadas es un reflejo de una mayor lucha de la mujer en el deporte. Los avances de género en las Olimpiadas suelen mejorar la consolidación y la legitimidad del deporte femenino en general.

Timeline (izquierda, de arriba abajo)

- **1900** Tenis, golf
- **1904** Tiro con arco
- **1908** Patinaje artístico
- **1912** Natación
- **1924** Esgrima
- **1928** Atletismo, gimnasia
- **1936** Esquí alpino
- **1948** Piragüismo
- **1952** Equitación

Timeline (derecha, de abajo arriba)

- Patinaje de velocidad sobre hielo
- **1960** Voleibol, luge
- **1964** Remo, baloncesto, balonmano
- **1976** Hockey sobre hierba
- **1980** Tiro, ciclismo, maratón
- **1984** Tenis, tenis de mesa, vela
- **1988**

Juegos de invierno
Porcentaje de mujeres participantes

Año	Porcentaje
1924	4%
1932	8%
1948	12%
1956	17%
1964	18%
1972	21%
1980	22%
1988	21%
1994	30%
2002	37%
2006	38%
2010	41%
2014	40%
2018	43%

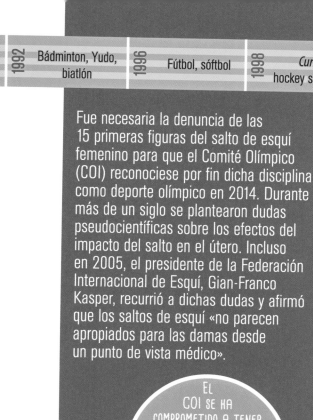

1992	Bádminton, Yudo, biatlón
1996	Fútbol, sóftbol
1998	*Curling,* hockey sobre hielo
2000	Halterofilia, pentatlón, taekwondo, triatlón
2002	*Bobsleigh*
2004	Lucha
2008	BMX
2012	Boxeo
2014	Salto de esquí
2016	*Rugby*

Fue necesaria la denuncia de las 15 primeras figuras del salto de esquí femenino para que el Comité Olímpico (COI) reconociese por fin dicha disciplina como deporte olímpico en 2014. Durante más de un siglo se plantearon dudas pseudocientíficas sobre los efectos del impacto del salto en el útero. Incluso en 2005, el presidente de la Federación Internacional de Esquí, Gian-Franco Kasper, recurrió a dichas dudas y afirmó que los saltos de esquí «no parecen apropiados para las damas desde un punto de vista médico».

Tras la revolución de 1979, Irán prohibió a las mujeres participar en competiciones deportivas internacionales. En 1996, la tiradora Lida Fariman se convirtió en la primera mujer iraní en participar en unas Olimpiadas posteriores a 1979. Muchos teólogos importantes se siguen oponiendo: «No hay virtud ninguna en que nuestras chicas y mujeres ganen medallas por lanzar las piernas por los aires y golpear a otra atleta. ¿Hacia dónde vamos?».

Ayatolá Abdollah Javadi Amoli
8 de octubre de 2014

EL COI SE HA COMPROMETIDO A TENER UN 50% DE MUJERES ATLETAS EN LOS JUEGOS OLÍMPICOS DE TOKIO 2020

CON LA ADICIÓN DEL BOXEO FEMENINO, LOS JUEGOS OLÍMPICOS DE LONDRES 2012 FUERON LOS PRIMEROS EN LOS QUE LAS MUJERES COMPITIERON EN TODOS LOS DEPORTES DEL PROGRAMA OLÍMPICO

JUNTA DIRECTIVA DEL COI: 4 MUJERES DE 15 MIEMBROS (27%)

Juegos de verano

Porcentaje de mujeres participantes

1900	1908	1920	1928	1936	1952	1960	1968	1976	1984	1992	2000	2012	2016
2%	2%	2%	10%	8%	11%	11%	14%	21%	23%	29%	38%	44%	45%

Un paso hacia delante...

1972: en EE. UU. se aprobó con rango de ley el **USA Title IX,** que prohíbe la discriminación sexual en los programas educativos, **incluidos los deportes,** en universidades y facultades con financiación federal (la mayoría). El Título IX abrió las puertas a las deportistas. **En 1970 había 16.000 deportistas universitarias; en 2014 eran más de 200.000.**

El fútbol mostró un crecimiento explosivo. En 1977, apenas 3 universidades de 100 tenían equipo femenino de fútbol. En 2014 lo tenían 9 de cada 10.

En 1972, cuando el Título IX se convirtió en ley, el 90% de los equipos universitarios femeninos tenían a una mujer como entrenadora.

2016: el equipo ciclista femenino de Afganistán fue propuesto para el Premio Nobel de la Paz por su valentía y su perseverancia al desafiar las normas de género.

Enero de 2018, Arabia Saudí: por primera vez, se permite la entrada de mujeres y niñas en recintos deportivos como espectadoras de competiciones profesionales (en secciones especiales para ellas o para familias).

PERO...

Con más dinero, atención, trabajo y prestigio en el deporte femenino, también llegaron a él los hombres: en 2017, el número de entrenadoras había descendido al 40%.

Tenis

8 de las 10 deportistas mejor pagadas del mundo son jugadoras de tenis.

Son pocos los torneos que pagan igual a hombres y mujeres: en 2007, Wimbledon fue el último de los torneos de Grand Slam en conceder premios económicos iguales a hombres y mujeres, después del US Open en 1973, el Abierto de Australia en 2001 y Roland Garros en 2006.

John McEnroe en 2017 sobre Serena Williams, número 1 del mundo del tenis femenino: «... si jugase en el circuito masculino sería la número 700 del mundo».

Ranking de ingresos en el tenis en 2017 (en toda su carrera): Serena Williams: 82 millones de dólares en premios, 39 títulos de Grand Slam. Novak Djokovic: 108 millones de dólares en premios, 12 títulos de Grand Slam.

PERO...

Premios económicos anuales pagados a los 100 mejores en los circuitos masculino y femenino = 80 centavos para las mujeres por cada dólar que reciben los hombres.

Golf

2012: el Augusta National Golf Club, abierto en 1932, sede del Masters de Golf de EE. UU., invitó a las mujeres a entrar tras una década de campañas feministas contra la política de «solo para hombres».

2016: el Muirfield Golf Club británico, fundado en 1744 y sede tradicional del Open, votó seguir siendo solo para hombres.

Peter Alliss, conocido comentarista de golf, afirmó:

«Las mujeres que entran por ser esposas de sus maridos tienen acceso a todas las instalaciones. Si alguien quiere entrar, más le vale casarse con alguien que sea miembro».

Tras la votación, reservada solo a los hombres, el Open retiró a Muirfield el derecho de albergar el prestigioso torneo de golf.

2017: Muirfield volvió a votar, esta vez para admitir a las mujeres.

El fútbol a escala mundial

1930: primera Copa del Mundo masculina de la FIFA.

1991: primera Copa del Mundo femenina de la FIFA.

Primas de la FIFA en los Mundiales: el equipo vencedor del Mundial femenino de 2015 (EE. UU.) recibió una prima de 2 millones de dólares de la FIFA. En el Mundial masculino, un año antes, el vencedor (Alemania) recibió de la FIFA 35 millones de dólares. Antes de 2007, los equipos femeninos no recibían ninguna prima de la FIFA.

Los 16 equipos masculinos **eliminados** en la primera fase del Mundial de 2014 recibieron 8 millones cada uno, 4 veces más que el campeón femenino. El equipo masculino de EE. UU., que acabó en undécimo lugar, recibió 9 millones.

Octubre de 2017: La Federación noruega fue la primera que decidió pagar igual al equipo masculino y al femenino. Antes, las mujeres recibían en conjunto un 50% menos que los hombres a pesar de que solían obtener mejores resultados a nivel internacional.

Tuit de bienvenida oficial de la Federación inglesa en 2015 al equipo femenino, a su regreso del Mundial: «Hoy, nuestras #Leonas vuelven a ser madres, hijas y parejas, pero han logrado otro título: heroínas».

El pulso de la belleza global

Países que envían participantes al concurso de Miss Mundo o Miss Universo

2017

Miss Mundo es propiedad de una empresa privada familiar, Miss World Organization; en 2015, Donald Trump vendió Miss Universo a la agencia de talentos William Morris/IMG.

CANADÁ

EE. UU.

ISLANDIA
NORUEGA
FINLANDIA
SUECIA
DINAMARCA
Escocia
Irlanda del Norte
Inglaterra
IRLANDA
Gales
HOL.
POLONIA
BIELORRUSI
ALEMANIA
BÉLGICA
R. CHECA
ESLOVAQUIA
U
AUSTRIA
HUNGRÍA
M
FRANCIA
ESLOVENIA
RUMANÍ
CROACIA
B-H.SERB.
BULGA
M
ALB.—
PORTUGAL
ESPAÑA
ITALIA
GRECIA
GIBRALTAR
TÚNEZ
MALTA

MÉXICO
BAHAMAS
REP. DOMINICANA
I. CAIMÁN
HAITÍ
PUERTO RICO
BELICE
JAMAICA
GUATEMALA
HONDURAS
EL SALVADOR
NICARAGUA
ARUBA
STA. LUCÍA
GUADALUPE
MARTINICA
COSTA RICA
CURAZAO
BARBADOS
PANAMÁ
VENEZUELA
TRINIDAD Y TOBAGO
GUYANA
COLOMBIA
ECUADOR
PERÚ
BRASIL
BOLIVIA
PARAGUAY
CHILE
ARGENTINA
URUGUAY

CABO VERDE
SENEGAL
GUINEA-BISÁU
GUINEA
SIERRA LEONA
COST DE MAR
LIBERIA
GHAN

Países con más ganadoras.
Miss Mundo:
Venezuela (6), India (5), Reino Unido (5).
Miss Universo:
EE. UU. (8), Venezuela (7), Puerto Rico (8).

La Miss Universo perfecta:
Las concursantes han de tener entre 18 y 28 años. No pueden estar casadas ni embarazadas. No pueden haber estado casadas nunca, aunque se anulase el matrimonio, ni haber dado a luz o criado a un hijo. La ganadora tiene la obligación de permanecer soltera durante su reinado.

Sierra Leona entró en el certamen de Miss Universo por primera vez en 2017, pero la concursante tuvo que retirarse porque no pudo conseguir un visado para viajar al desfile en EE. UU.

Los concursos mundiales de belleza promueven una imagen limitada y occidental de la misma. La globalización acelera la adopción de estos criterios en todo el mundo. El reciente respaldo a las participantes es una de las vías en que los gobiernos muestran su intención de convertirse en actores económicos mundiales.

Nuevos países que se suben a la ola de la Belleza:
Miss Mundo, incorporaciones en 2016-2017: Armenia, Laos, Ruanda, Senegal.
Miss Universo, incorporaciones en 2016-2017: Camboya, Laos, Nepal; Irak regresó en 2017 después de haber concursado en 1972 por última vez.

RUSIA

KAZAJISTÁN

MONGOLIA

GEORGIA

KIRGUISTÁN

JAPÓN

ARMENIA

TURQUÍA

COREA DEL SUR

CHIPRE

IRAK

CHINA

ISRAEL — LÍBANO

EGIPTO

NEPAL

INDIA

BANGLADÉS

LAOS

Hong Kong

BIRMANIA

TAILANDIA

VIETNAM

FILIPINAS

NIGERIA

CAMBOYA

SUDÁN DEL SUR

ETIOPÍA

GUAM

FIYI

CAMERÚN

SRI LANKA

ISLAS COOK

— GUINEA ECUATORIAL

KENIA

MALASIA

SINGAPUR

— RUANDA

SEYCHELLES

TANZANIA

Ganadores en 2017:
Miss Mundo, India;
Miss Universo, Sudáfrica.

INDONESIA

ANGOLA

ZAMBIA

MADAGASCAR

ZIMBABUE

NAMIBIA

BOTSUANA

MAURICIO

AUSTRALIA

SUDÁFRICA — LESOTO

Las concursantes de Miss Mundo eligen respaldar un proyecto social como parte de su compromiso con la «belleza con un fin». La vencedora de 2017, Miss India, lanzó una campaña de concienciación sobre la higiene femenina.

NUEVA ZELANDA

El gran negocio de la belleza

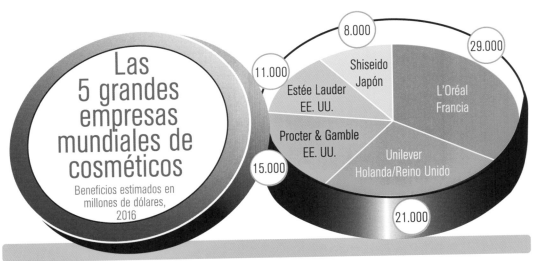

Las 5 grandes empresas mundiales de cosméticos

Beneficios estimados en millones de dólares, 2016

8.000 — Shiseido Japón
29.000 — L'Oréal Francia
11.000 — Estée Lauder EE. UU.
15.000 — Procter & Gamble EE. UU.
21.000 — Unilever Holanda/Reino Unido

Cuota mundial de mercado de la industria de los cosméticos

2016

- Asia-Pacífico 36%
- Norteamérica 24%
- Europa Occidental 20%
- Latinoamérica 11%
- Europa del Este 6%
- África y Oriente Medio 3%

Los 5 grandes mercados de cosméticos

En millones de dólares, 2015

- EE. UU. 80.000
- China 51.000
- Japón 32.000
- Brasil 30.000
- Alemania 17.000

No tan bonito

Los productos para el cuidado personal suelen contener sustancias tóxicas, como plomo u otros metales pesados, parabenos, ftalatos, carcinógenos, neurotoxinas, disruptores endocrinos y formaldehídos. En EE. UU., las mujeres se ponen todos los días en la cara y el cuerpo una media de **168 sustancias químicas** en cosméticos, perfumes, productos de cuidado personal y de higiene femenina. Estas sustancias químicas están muy poco reguladas en EE. UU.

Los blanqueadores de la piel, muy comercializados en **África** y **Asia**, suelen contener **mercurio** y **esteroides**. En Nigeria los usa el **77%** de las mujeres, el **59%** en Togo y el **27%** en Senegal. En la India, el mercado de cremas blanqueadoras se expande a un ritmo de casi un **18%** anual.

Pingües beneficios

ES IMPOSIBLE CALCULAR EL TAMAÑO DE LA INDUSTRIA DIETÉTICA A ESCALA MUNDIAL, PERO LOS BENEFICIOS ALCANZAN LOS MILES DE MILLONES.

En el Reino Unido, casi dos tercios de la población está a dieta «casi siempre»; en 2016, el **57%** de las británicas dijo estar tratando de perder peso.

En EE. UU., el **57%** de las mujeres y el **46%** de los hombres dicen que quieren perder peso; unos 45 millones de americanos hacen dieta cada año y gastan **33.000 millones** de dólares en productos dietéticos.

Modelar una belleza física esquiva

Las mujeres se someten a un sufrimiento impresionante en busca de la belleza. En todo el mundo, especialmente en los países ricos, decenas de miles de mujeres piden que les corten, modelen, grapen y manipulen el cuerpo para adecuarse a unos cánones de belleza dominantes y cada vez más globalizados. La intervención plástica más común en el mundo es el aumento de pecho, pero la que crece a un mayor ritmo es la labioplastia, una cirugía que retira el «exceso de tejido» de los labios de la vulva. Combinada con la vaginoplastia (una intervención para tensar la vagina) se le llama «rejuvenecimiento vaginal».

Liga mundial

10 primeros países por número de intervenciones plásticas opcionales

(%) porcentaje de intervenciones plásticas respecto del total

EL 86% DE TODAS LAS INTERVENCIONES PLÁSTICAS SE REALIZAN A MUJERES.

LA INTERVENCIÓN NO QUIRÚRGICA MÁS COMÚN ES LA INYECCIÓN DE BÓTOX.

EN 2016 SE REALIZARON 17,1 MILLONES DE INTERVENCIONES PLÁSTICAS, EL 92% EN MUJERES; UN 85% DE LOS CIRUJANOS PLÁSTICOS COLEGIADOS SON HOMBRES.

COREA DEL SUR TIENE EL MAYOR ÍNDICE PER CÁPITA DE INTERVENCIONES PLÁSTICAS.

Turquía: rinoplastia; aumento de pecho; liposucción; párpados; injertos faciales

Alemania: párpados; aumento de pecho; liposucción; injertos faciales; abdominoplastia

Francia: aumento de pecho; liposucción; párpados; abdominoplastia; reducción de pecho

EE. UU.: aumento de pecho; liposucción; rinoplastia; párpados; abdominoplastia

India: liposucción; rinoplastia; trasplante de cabello; aumento de pecho; abdominoplastia

Rusia: párpados; aumento de pecho; rinoplastia; liposucción; injertos faciales

México: liposucción; aumento de pecho; párpados; rinoplastia; abdominoplastia

Italia: aumento de pecho; liposucción; párpados; rinoplastia; injertos faciales.

Japón: párpados; rinoplastia; aumento de pecho; liposucción; estiramiento facial

Brasil: aumento de pecho; liposucción; párpados; abdominoplastia; mastopexia

2%
3%
3%
4%
4%
4%
4%
5%
11%
18%

2016

MGF (ABLACIÓN)

Más de 200 millones de mujeres y niñas vivas hoy se han sometido a la mutilación genital femenina (MGF o ablación) y unos 3 millones más están en riesgo de sufrirla cada año. La MGF incluye una serie de intervenciones para la eliminación parcial o total de los genitales externos, cortar el clítoris o, en los casos más severos, coser la vagina. La suelen realizar circuncidadoras tradicionales con cuchillas y raspadores, en lugares sin preparación y sin anestesia.

La MGF se suele realizar a niñas pequeñas. Su principal motivo es asegurarse de que las mujeres son apropiadas y deseables para el matrimonio, en gran medida controlando su conducta sexual: la MGF reduce el deseo sexual de la mujer. Algunas culturas consideran sucios los genitales femeninos y creen que el ritual de la circuncisión purifica el cuerpo de las niñas.

Tradicionalmente, son mujeres quienes realizan los cortes, y muchas defienden esta práctica.

Situación legal

Prohibida por ley en

Guinea	1965
R.C.A. (revisado en 1996)	1966
Ghana	1994
Yibuti	1995
Burkina Faso	1996
Costa de Marfil, Tanzania, Togo	1998
Senegal	1999
Kenia, Yemen	2001
Benín, Chad, Níger	2003
Etiopía	2004
Mauritania, Sudáfrica	2005
R.D. Congo	2006
Eritrea	2007
Egipto	2008
Uganda	2010
Guinea-Bisáu, región de Kurdistán, Irak	2011
Gambia	2015
Liberia	2018

Países donde se sabe que se realiza la MGF pero no hay leyes que la prohíban

Sudán: prohibida en algunos estados

Somalia

Sierra Leona: prohibición temporal durante el brote de ébola de 2014

Mali

Camerún

Nigeria: prohibida en algunos estados

Somalilandia: el gobierno publicó una *fatwa* que prohíbe la MGF

A cuchilla
Extensión de la mutilación genital femenina (MGF o ablación)

Porcentaje de mujeres y niñas de 15 a 49 años que se han sometido a MGF

datos más recientes desde 2011

- más del 90%
- 60% – 90%
- 30% – 59%
- 5% – 29%
- menos del 5%
- se conoce una cierta incidencia, no muy bien documentada, limitada a comunidades o grupos reducidos

Burkina Faso En 2016, 219 comunidades se habían comprometido públicamente a abandonar la práctica de la MGF.

Gambia De las mujeres y niñas de 15 a 49 años sometidas a la MGF, el 55% lo hizo antes de los 5 años.

Liberia El 70% de las mujeres y niñas de la quinta parte con menores ingresos han sufrido la MGF; en la quinta parte más rica es el 29%.

Nigeria El 95% de las niñas sometidas a la MGF la sufre antes de los 5 años.

COLOMBIA

MAURITANIA
SENEGAL
NÍGER
MALI
GUINEA-BISÁU GUINEA
SIERRA LEONA
COSTA DE MARFIL
GHANA TOGO BENIN
CAMERÚ

Burkina-Faso
- 88% musulmanas
- 76% tradicionales/animistas
- 66% católicas

Etiopía
- 89% musulmanas
- 77% católicas
- 49% religiones tradicionales

Liberia
- 89% religiones tradicionales
- 69% musulmanas
- 68% sin religión

Mali
- 89% musulmanas
- 88% sin religión
- 84% cristianas

Irak El 10% de las mujeres y niñas de la quinta parte con menores ingresos han sufrido la MGF; en la quinta parte más rica es el 4%.

Yemen De las mujeres y niñas de 15 a 49 años sometidas a la MGF, el 85% lo hizo en su primera semana de vida.

PALESTINA

PAKISTÁN

EGIPTO

ARABIA SAUDÍ

E.A.U.

CHAD

SUDÁN

OMÁN

INDIA

TAILANDIA

R.C.A.

ETIOPÍA

SRI LANKA

SOMALIA

UGANDA

KENIA

MALASIA

TANZANIA

Yibuti De las niñas de 15 a 19 años sometidas a la MGF, el 42% ha sufrido la forma más severa con el corte de los genitales y la costura de la vagina hasta casi cerrarla; esto lo ha sufrido el 83% de las mujeres de 45 a 49 años.

Indonesia El 68% de las niñas menores de 12 años de la provincia de Yakarta están circuncidadas. El gobierno prohibió la práctica en 2006, pero cedió a la presión de los líderes religiosos musulmanes para despenalizarla. La situación legal actual es ambigua.

Somalia Las vacaciones de verano son la «temporada de la cuchilla» para muchas niñas somalíes, cuando el receso escolar significa que tendrán tiempo para someterse a la MGF y recuperarse. Aunque hay pocos datos formales, los expertos dicen que la MGF se suele practicar en las vacaciones de verano en zonas de Guinea, Nigeria y Somalia.

Eritrea Desde 2014, la Unión Nacional de Mujeres de Eritrea y la Unión Nacional de Jóvenes y Estudiantes de Eritrea han realizado extensas campañas de concienciación para movilizar a las comunidades contra la MGF y otras prácticas dañinas, y han llegado a más de 460.000 miembros de comunidades.

51% musulmanas
33% sin religión
22% católicas

Kenia

24% católicas
24% musulmanas
23% sin religión

R.C.A.

35% religiones tradicionales
31% católicas
29% otras cristianas

Nigeria

Normas sociales

Porcentaje de niñas y mujeres de 15 a 49 años que se han sometido a la MGF; por afiliación religiosa
datos más recientes desde 2011

Vientos de cambio

La mujer lidera la organización contra la MGF. Los grupos feministas, muchos liderados por chicas jóvenes, han adoptado la causa contra esta práctica. Se da la alentadora tendencia de que las mujeres de 15 a 19 años tienen menos probabilidades de haberla sufrido que las de más edad, y el apoyo para terminar con esta práctica es particularmente alto entre las más jóvenes.

Campaña contra la MGF; cartel en un camino de Kapchorwa, Uganda, en 2014

Se tiene que acabar

Porcentaje de mujeres/niñas, hombres/niños de 15 a 49 años
que han oído hablar de la MGF y creen que se tiene que acabar

datos más recientes desde 2011

mujeres
hombres

	Egipto	Chad	Guinea	Mauritania	Sudán	Senegal	Eritrea	Camerún	Benín	Kenia	Togo
mujeres	38%	36%	21%	53%	53%	81%	82%	84%	86%	93%	95%
hombres	28%	49%	38%	18%	64%	79%	85%	85%	89%	89%	96%

Datos policiales sobre delitos sexuales contra la infancia

Violaciones por cada 100.000 habitantes
en un año, 2013-2014

Las denuncias por delitos sexuales contra los niños incluyen la pornografía infantil, la trata de niños, las relaciones sexuales con una persona por debajo de la edad de consentimiento y otros delitos relacionados con la explotación sexual infantil. Hay grandes variaciones en el registro de los delitos.

INGLATERRA Y GALES 272
JAMAICA 218
NUEVA ZELANDA 190
CHILE 174
BÉLGICA 158
ALEMANIA 145
FRANCIA 128
NORUEGA 115
CANADÁ 64
UGANDA 58
RUSIA 37
JAPÓN 21
KENIA 17
ITALIA 10

Sexo a la fuerza

Porcentaje de mujeres cuya primera relación sexual fue forzada
datos más recientes desde 2010

UNICEF CALCULA QUE 120 MILLONES DE MUJERES Y NIÑAS MENORES DE 20 AÑOS SE HAN VISTO SOMETIDAS A RELACIONES SEXUALES FORZADAS U OTRO TIPO DE ACTO SEXUAL FORZADO EN ALGÚN MOMENTO DE SU VIDA.

30% Bangladés (rural)

29% Nepal

24% Perú (rural)

22% Zimbabue

20% Camerún

17% Tanzania (rural)

15% Malaui

5% Fiyi

Turismo sexual

El turismo sexual se nutre de la mezcla de un poder y unos privilegios masculinizados con una sensación de impunidad y anonimato. El «atractivo» del turismo sexual, de hombres individuales u organizados en grupos, reside en la oportunidad de acceder pagando a un sexo del que no disponen en su país. Suele ser sexo con un menor.

Procedencia de los turistas sexuales

CANADÁ, EE. UU.

EUROPA OCCIDENTAL: AUSTRIA, BÉLGICA, CROACIA, DINAMARCA, FINLANDIA, FRANCIA, GRECIA, IRLANDA, ITALIA, LIECHTENSTEIN, LUXEMBURGO, HOLANDA, PORTUGAL, ESPAÑA, SUIZA, R. UNIDO

RUSIA, TURQUÍA

ARABIA SAUDÍ

CHINA, JAPÓN, COREA DEL NORTE, MALASIA, SINGAPUR, COREA DEL SUR, TAIWÁN

AUSTRALIA

Destinos de los turistas sexuales

Los núcleos se suelen hallar en las zonas turísticas habituales, como complejos hoteleros de playa, o en los grandes centros urbanos donde ya existen núcleos de prostitución

BELICE, COSTA RICA, GUATEMALA, MÉXICO

CUBA, REP. DOMINICANA, JAMAICA

BRASIL, COLOMBIA

MARRUECOS, ESPAÑA

BULGARIA, ESTONIA, ALEMANIA, MOLDAVIA, HOLANDA, UCRANIA

ARGELIA, CAMERÚN, GAMBIA, GHANA, SENEGAL

YIBUTI, KENIA, MALAUI

INDIA, NEPAL, SRI LANKA

CAMBOYA, INDONESIA, BIRMANIA, FILIPINAS, TAILANDIA, VIETNAM

SUDÁFRICA

Prostitución

Hay un gran desacuerdo sobre qué es mejor para proteger y respaldar a las mujeres en la prostitución y también para desvincular los actos sexuales consentidos del tráfico sexual forzado: la legalización o la penalización. El «modelo sueco», en auge en Europa, criminaliza al que paga por el sexo, no a quien lo ofrece.

Prostitución en Europa

EN 1999, SUECIA SE CONVIRTIÓ EN EL PRIMER PAÍS EN INTRODUCIR UNA LEY QUE CONVERTÍA EN ILEGAL PAGAR POR SEXO, PERO NO SER PROSTITUTA: ES EL CLIENTE QUIEN COMETE EL DELITO, NO LA PROSTITUTA.

ISLANDIA
FINLANDIA
NORUEGA
SUECIA
ESTONIA
LETONIA
LITUANIA
RUSIA
Irlanda del Norte
R.U.
DINAMARCA
IRLANDA
HOLANDA
POLONIA
BIELORRUSIA
ALEMANIA
BÉLGICA
LUXEMBURGO
LIECHT.
R. CHECA
ESLOVAQUIA
UCRANIA
FRANCIA
AUSTRIA
HUN.
SUIZA
ESLOVENIA
ITALIA
CROACIA
B-H
SERBIA
MOLDAVIA
MONTENEGRO
KOSOVO
BULGARIA
PORTUGAL
ANDORRA
ALBANIA
MACEDONIA
TURQUÍA
ESPAÑA
GRECIA
CHIPRE

● es legal, con ciertas regulaciones*
● es ilegal para quien paga
● es ilegal para quien cobra
● es ilegal para quien paga y quien cobra

* pueden ser ilegales ciertos actos, como ofrecer la prostitución en la calle, el proxenetismo o ser dueño de un burdel

#AHÍ LO DEJO

Cambio climático y prostitución: en muchos lugares del mundo, los desastres naturales y la degradación medioambiental destruyen los recursos y el medio de vida y empujan a las mujeres a recurrir a trueques sexuales temporales o acuerdos de comercio sexual para mantenerse ellas y a sus familias.

Trata de personas

Grandes flujos mundiales de la trata de personas

datos más recientes desde 2014

← principales flujos de la trata

⬤ gobiernos que no han ratificado el Protocolo de las Naciones Unidas para Prevenir, Reprimir y Sancionar la Trata de Personas, Especialmente Mujeres y Niños

en septiembre de 2017

desde ASIA ORIENTAL Y EL PACÍFICO

Alemania — Dos tercios de las trabajadoras sexuales de Alemania vienen del extranjero.

NORTEAMÉRICA

OESTE Y SUR DE EUROPA

CENTROAMÉRICA Y EL CARIBE

Centroamérica — Los niños representan más del 60% de las víctimas de trata en Centroamérica

SUDAMÉRICA

En el mundo — En 2016 solo hubo en todo el mundo 14.894 juicios y 9.071 condenas por trata.

CO...

La trata en el mundo

en 2014 o datos más recientes

- 8% niños
- 21% hombres
- 51% mujeres
- 20% niñas

Hay no menos de **21 millones de adultos y niños en el mundo víctimas del tráfico internacional de personas** para el comercio sexual, los trabajos forzados o la servidumbre por deudas. La principal finalidad de la trata de personas es la explotación sexual; el 96% son mujeres y niñas. En los trabajos forzados, el 63% son hombres. La trata se acelera en zonas que se enfrentan a desastres naturales y conflictos militares.

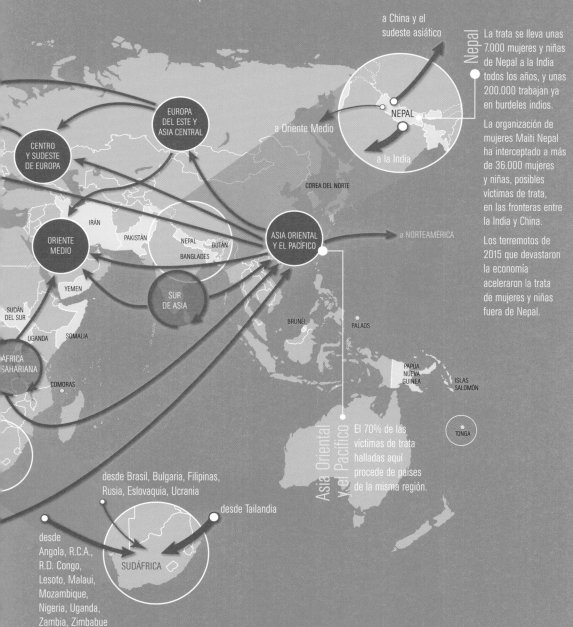

a China y el sudeste asiático

a Oriente Medio

a la India

NEPAL

COREA DEL NORTE

EUROPA DEL ESTE Y ASIA CENTRAL

CENTRO Y SUDESTE DE EUROPA

IRÁN

PAKISTÁN

NEPAL

BUTÁN

BANGLADÉS

ORIENTE MEDIO

YEMEN

SUR DE ASIA

ASIA ORIENTAL Y EL PACÍFICO

a NORTEAMÉRICA

SUDÁN DEL SUR

UGANDA

SOMALIA

ÁFRICA SAHARIANA

COMORAS

BRUNÉI

PALAOS

PAPÚA NUEVA GUINEA

ISLAS SALOMÓN

TONGA

Asia Oriental y el Pacífico

El 70% de las víctimas de trata halladas aquí procede de países de la misma región.

desde Brasil, Bulgaria, Filipinas, Rusia, Eslovaquia, Ucrania

desde Tailandia

desde Angola, R.C.A., R.D. Congo, Lesoto, Malaui, Mozambique, Nigeria, Uganda, Zambia, Zimbabue

SUDÁFRICA

Nepal

La trata se lleva unas 7.000 mujeres y niñas de Nepal a la India todos los años, y unas 200.000 trabajan ya en burdeles indios.

La organización de mujeres Maiti Nepal ha interceptado a más de 36.000 mujeres y niñas, posibles víctimas de trata, en las fronteras entre la India y China.

Los terremotos de 2015 que devastaron la economía aceleraron la trata de mujeres y niñas fuera de Nepal.

Pornografía

La mercantilización del sexo es un gran negocio, hoy en día principalmente por internet. El porno es uno de los temas más complicados y polémicos para el feminismo. Muchas creen que es parte de la opresión y degradación sistemática de la mujer, un instrumento del patriarcado que cosifica a la mujer y la reduce a un objeto sexual. Otras aducen que los propios argumentos antiporno subestiman la capacidad de la mujer, arraigados en la creencia de que quien hace porno no tiene el control de su cuerpo. Todo depende del contexto.

La «web porno más grande del mundo» habla sobre sí misma

resumen anual de 2017 en PornHub.com

INSTANTÁNEA MUNDIAL: UN 12% DE TODAS LAS WEBS DE INTERNET SON PÁGINAS PORNO. UN 13% DE TODAS LAS BÚSQUEDAS EN INTERNET SON DE CONTENIDO ERÓTICO SEXUAL.

28.500 millones de visitas / 81 millones al día

 el 74% son hombres

EL 67% de las visitas a PornHub se hicieron con un *smartphone* / 24% con un ordenador de sobremesa

Proporción de visitas de mujeres a PornHub:

media mundial 26%

desde Filipinas 36%

desde EE. UU. y Canadá 25%

desde Japón 19%

5 categorías sexuales más vistas por hombres:
- japonesas
- negras
- *milf*
- maduras
- anal

Términos más buscados por los hombres:
- *milf*
- madrastra
- japonesas
- hentai
- mamá

5 categorías sexuales más vistas por mujeres:
- mujer con mujer («lesbianas»)
- trío
- vergas grandes
- «popular entre mujeres»
- negras

Términos más buscados por las mujeres:
- mujer con mujer («lesbianas»)
- lesbianas haciendo la tijera
- trío
- hentai
- japonesas

#AHÍ LO DEJO

La actitud frente a la pornografía marca la mayor brecha de género en la encuesta anual de Gallup sobre «valores sociales»: en EE. UU. en 2015, el 43% de los hombres dijo que la pornografía es «moralmente aceptable»; el 25% de las mujeres dijo lo mismo.

Salud

El VIH es una de las principales causas de muerte de la mujer en el mundo.

El 51% de los portadores del VIH del mundo son mujeres. Un factor de peso es la diferencia de poder entre hombres y mujeres al negociar los términos del sexo.

Las jóvenes se hallan en especial desventaja al negociar el sexo seguro con hombres que son mayores que ellas.

Una de cada 8 mujeres de los países industrializados desarrollará cáncer de mama en sus 85 años de vida.

En los 70, la cifra era de una de cada 20. En Europa Occidental y Norteamérica desciende la proporción de mujeres que mueren de cáncer de mama, pero los beneficios de la sanidad avanzada no están bien distribuidos. En EE. UU., por ejemplo, se diagnostica más en mujeres blancas, pero es más probable que las negras mueran de ello.

La incidencia del cáncer de mama aumenta en el mundo, quizá por la exportación de dietas y estilos de vida «occidentales».

Los trastornos medioambientales suponen importantes problemas de salud de por sí, y también exacerban otros.

El ámbito geográfico de la malaria se extiende conforme el cambio climático expande el hábitat de los mosquitos portadores.

El acceso a agua limpia y a una salubridad básica mejora en las zonas más pobres del mundo, pero la contaminación química del suministro de agua es un problema cada vez mayor en países ricos y pobres. Los hogares son los lugares más peligrosos en cuanto a concentración de contaminantes, tanto químicos como, en los más pobres, de las partículas de la combustión.

Cáncer de mama

Incidencia por cada 100.000 mujeres
2012

- 80 o más
- 50 – 79
- 25 – 49
- menos de 25
- sin datos

Víctimas mortales semanales

Número de mujeres que mueren de cáncer de mama
ejemplos seleccionados, 2012

- cifra concreta

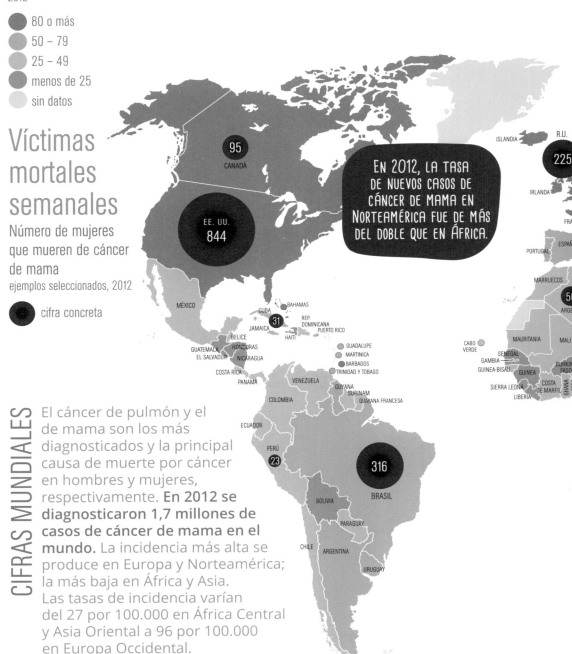

95
CANADÁ

EE. UU.
844

EN 2012, LA TASA DE NUEVOS CASOS DE CÁNCER DE MAMA EN NORTEAMÉRICA FUE DE MÁS DEL DOBLE QUE EN ÁFRICA.

ISLANDIA
R.U.
225
IRLANDA
FRA
ESPAÑA
PORTUGAL
MARRUECOS
56
ARGE

MÉXICO
BAHAMAS
CUBA
REP. DOMINICANA
JAMAICA
31
PUERTO RICO
HAITÍ
BELICE
GUATEMALA
HONDURAS
EL SALVADOR
NICARAGUA
COSTA RICA
PANAMÁ
GUADALUPE
MARTINICA
BARBADOS
TRINIDAD Y TOBAGO
VENEZUELA
GUYANA
COLOMBIA
SURINAM
GUAYANA FRANCESA
ECUADOR
PERÚ
23
BRASIL
316
BOLIVIA
PARAGUAY
CHILE
ARGENTINA
URUGUAY

CABO VERDE
MAURITANIA
MALI
SENEGAL
GAMBIA
GUINEA-BISÁU
GUINEA
BURKINA FASO
SIERRA LEONA
COSTA DE MARFIL
GHANA
LIBERIA

CIFRAS MUNDIALES

El cáncer de pulmón y el de mama son los más diagnosticados y la principal causa de muerte por cáncer en hombres y mujeres, respectivamente. **En 2012 se diagnosticaron 1,7 millones de casos de cáncer de mama en el mundo.** La incidencia más alta se produce en Europa y Norteamérica; la más baja en África y Asia. Las tasas de incidencia varían del 27 por 100.000 en África Central y Asia Oriental a 96 por 100.000 en Europa Occidental.

NORUEGA
FINLANDIA
SUECIA
ESTONIA
LETONIA
DINAMARCA
OL. RUSIA LIT.
ALEMANIA BIELORRUSIA
POLONIA
LUX. R.CHECA ESL. UCRANIA
ESL. HUN. MOLDAVIA
CRO. B-H SERB. RUM.
M... BUL.
ALB.
MAC.
ITALIA GRECIA
MALTA
TUNEZ
LIBIA
EGIPTO

RUSIA
472

KAZAJISTÁN
MONGOLIA

GEORGIA
UZBEKISTÁN KIRGUISTÁN
AZER. TURKMEN.
TURQUÍA ARMENIA TAYIKISTÁN
CHIPRE LIB. SIRIA AFGANISTÁN
ISRAEL IRAK IRÁN
PALESTINA JORDANIA PAKISTÁN
KUWAIT NEPAL BUTÁN
BARÉIN CATAR
ARABIA E.A.U. OMÁN
SAUDÍ BANGLADÉS
YEMEN BIRMANIA

CHINA
923

COREA
DEL NORTE
COREA
DEL SUR
JAPÓN

265

INDIA
1,350

NÍGER
CHAD
SUDÁN
ERITREA
GERIA
R.C.A.
SUDÁN
DEL SUR
ETIOPÍA
YIBUTI
CAMERÚN
GUINEA
ECUATORIAL
GABÓN R.D. CONGO UGANDA
CONGO KENIA
RUANDA
BURUNDI
TANZANIA

SOMALIA

38

LAOS
TAILANDIA
VIETNAM
CAMBOYA

FILIPINAS

SRI LANKA
MALDIVAS

BRUNÉI
MALASIA
SINGAPUR

ISLAS
SALOMÓN
VANUATU
SAMOA
FIYI
NUEVA
CALEDONIA
POLINESIA
FRANCESA

INDONESIA

PAPÚA
NUEVA
GUINEA
TIMOR ORIENTAL

ANGOLA
ZAMBIA
MALAUI
NAMIBIA
ZIMBABUE
BOTSUANA
MOZAMBIQUE MADAGASCAR
COMORAS
MAURICIO
REUNIÓN

SUAZILANDIA
74
LESOTO
SUDÁFRICA

57
AUSTRALIA

NUEVA
ZELANDA

Cáncer de mama: una lotería regional

5 regiones con mayor incidencia y tasa de mortalidad por cada 100.000 mujeres
2012

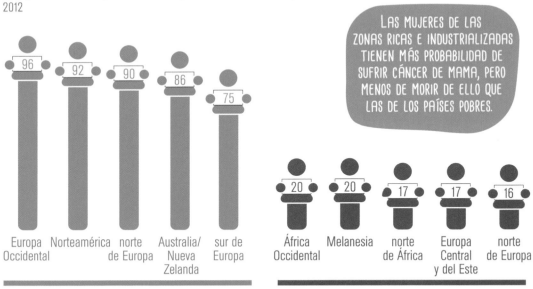

LAS MUJERES DE LAS ZONAS RICAS E INDUSTRIALIZADAS TIENEN MÁS PROBABILIDAD DE SUFRIR CÁNCER DE MAMA, PERO MENOS DE MORIR DE ELLO QUE LAS DE LOS PAÍSES POBRES.

| 96 | 92 | 90 | 86 | 75 |

| Europa Occidental | Norteamérica | norte de Europa | Australia/ Nueva Zelanda | sur de Europa |

| 20 | 20 | 17 | 17 | 16 |

| África Occidental | Melanesia | norte de África | Europa Central y del Este | norte de Europa |

incidencia — tasa de mortalidad

Raza, origen étnico y cáncer de mama

Incidencia y tasa de mortalidad en EE. UU. por cada 100.000 mujeres
2014

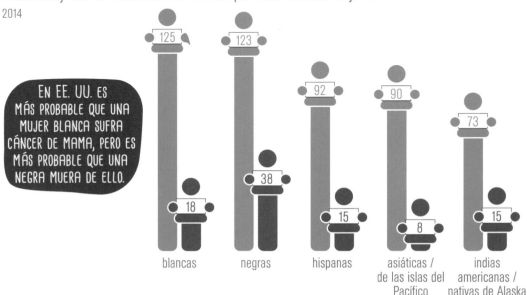

EN EE. UU. ES MÁS PROBABLE QUE UNA MUJER BLANCA SUFRA CÁNCER DE MAMA, PERO ES MÁS PROBABLE QUE UNA NEGRA MUERA DE ELLO.

| 125 | 123 | 92 | 90 | 73 |
| 18 | 38 | 15 | 8 | 15 |

| blancas | negras | hispanas | asiáticas / de las islas del Pacífico | indias americanas / nativas de Alaska |

El VIH en el este y el sur de África

Porcentaje de mujeres de 15 a 49 años con el VIH

2015

- ● 20% – 34%
- ● 5% – 19%
- ● menos del 5%

EL ESTE Y EL SUR DE ÁFRICA SON LAS ZONAS MÁS CASTIGADAS POR EL VIH. ALLÍ SOLO VIVE EL 6% DE LA POBLACIÓN MUNDIAL, PERO MÁS DEL 50% DEL TOTAL DE PORTADORES DEL VIH DEL MUNDO.

ERITREA

SUDÁN DEL SUR

UGANDA

KENIA

RUANDA

BURUNDI

TANZANIA

ANGOLA

MALAUI

ZAMBIA

MADAGASCAR

ZIMBABUE

MAURICIO

NAMIBIA

BOTSUANA

MOZAMBIQUE

SUAZILANDIA

SUDÁFRICA

LESOTO

Vivir con el VIH

2015

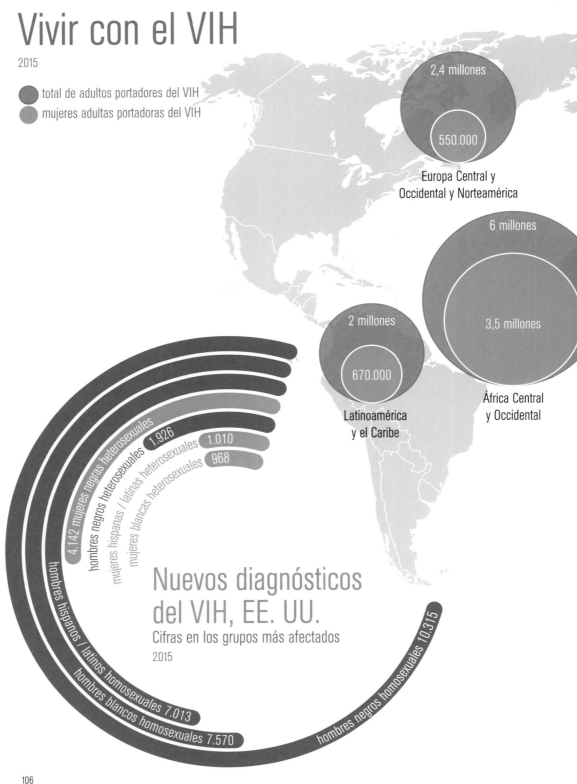

● total de adultos portadores del VIH
● mujeres adultas portadoras del VIH

2,4 millones

550.000

Europa Central y
Occidental y Norteamérica

6 millones

3,5 millones

África Central
y Occidental

2 millones

670.000

Latinoamérica
y el Caribe

Nuevos diagnósticos del VIH, EE. UU.
Cifras en los grupos más afectados
2015

mujeres blancas heterosexuales 968
mujeres hispanas / latinas heterosexuales 1.010
hombres negros heterosexuales 1.926
4.142 mujeres negras heterosexuales

hombres blancos homosexuales 7.570
hombres blancos homosexuales 7.013
hombres hispanos / latinos homosexuales
hombres negros homosexuales 10.315

Víctimas mortales semanales

Media semanal de
muertes relacionadas
con el sida
ejemplos seleccionados
2015

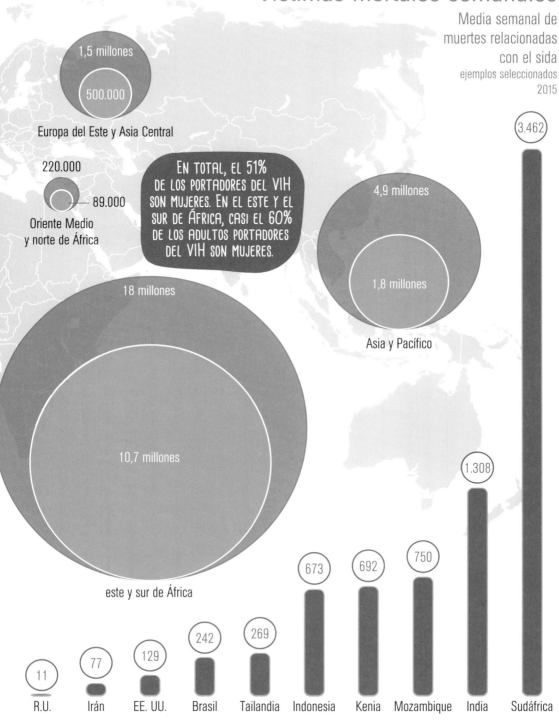

1,5 millones

500.000

Europa del Este y Asia Central

220.000

89.000

Oriente Medio
y norte de África

EN TOTAL, EL 51%
DE LOS PORTADORES DEL VIH
SON MUJERES. EN EL ESTE Y EL
SUR DE ÁFRICA, CASI EL 60%
DE LOS ADULTOS PORTADORES
DEL VIH SON MUJERES.

4,9 millones

1,8 millones

Asia y Pacífico

18 millones

10,7 millones

este y sur de África

3.462

1.308

750

673   692

242   269

129

77

11

R.U.   Irán   EE. UU.   Brasil   Tailandia   Indonesia   Kenia   Mozambique   India   Sudáfrica

Tratamiento para el VIH

Porcentaje de población seropositiva en el este y el sur de África que recibe tratamiento con antirretrovirales
2015

- 50% – 79%
- 20% – 49%
- menos del 20%

EL 54% DE LOS SEROPOSITIVOS DEL ESTE Y EL SUR DE ÁFRICA RECIBEN UN TRATAMIENTO ANTIRRETROVIRAL.

ERITREA

SUDÁN DEL SUR

UGANDA

KENIA

RUANDA

BURUNDI

TANZANIA

ANGOLA

MALAUI

ZAMBIA

MADAGASCAR

ZIMBABUE

NAMIBIA

BOTSUANA

MAURICIO

MOZAMBIQUE

SUAZILANDIA

SUDÁFRICA

LESOTO

La mujer joven y los nuevos casos de VIH

Las dañinas normas y desigualdades de género, un acceso insuficiente a la educación y a la sanidad sexual y reproductiva, la pobreza, la inseguridad alimentaria, la violencia generalizada contra la mujer y la coacción a las jóvenes se hallan en la raíz de un mayor riesgo de contraer el VIH. En zonas de alta incidencia del VIH, los hombres buscan chicas jóvenes para el sexo al considerar menos probable que estén infectadas. Puede ser difícil para ellas negociar unas condiciones de sexo seguro con un hombre mayor que ellas.

Nuevas infecciones de VIH

En adultos jóvenes de 15 a 24 años
en todo el mundo, 2015

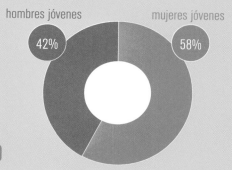

hombres jóvenes 42%

mujeres jóvenes 58%

Edad y desigualdad de género en los nuevos casos de VIH

2015

● porcentaje de mujeres adultas de 15 años o más respecto del total de nuevos casos en adultos

● porcentaje de mujeres jóvenes de 15 a 24 años respecto del total de nuevos casos en jóvenes

22% 29%
Europa Central y Occidental y Norteamérica

35% 46%
Caribe

29% 36%
Latinoamérica

38% 48%
Oriente Medio y norte de África

56% 66%
África Subsahariana

31% 46%
Europa del Este y Asia central

32% 41%
Asia Pacífico

Tuberculosis
Incidencia mundial

2016

La tuberculosis es una de las enfermedades más mortales del mundo. Infecta a un tercio de la población mundial, muchos sin saberlo hasta que es demasiado tarde. En 2016, 10,4 millones de personas enfermaron de tuberculosis, y 1,7 millones murieron por esta causa. Es una de las principales causas de muerte en enfermos de VIH: el 40% de las muertes de seropositivos en 2016.

EL 84% DE LA INCIDENCIA MUNDIAL DE LA TUBERCULOSIS SE CONCENTRA EN 20 PAÍSES.

China • Corea del Norte • Rusia • Birmania
Tailandia • Indonesia • Filipinas • Vietnam

Brasil • Sudáfrica • Mozambique • Angola • R.D. Congo • Tanzania • Kenia • Nigeria • Etiopía • Pakistán • India • Bangladés

LA TUBERCULOSIS GENITAL ES UNA ENFERMEDAD RELATIVAMENTE RARA EN HOMBRES, PERO 1 DE CADA 8 MUJERES CON TUBERCULOSIS PULMONAR PUEDE TENER TAMBIÉN LA GENITAL, UNA IMPORTANTE CAUSA DE INFERTILIDAD EN MUJERES EN PAÍSES CON ALTA INCIDENCIA DE TUBERCULOSIS.

Muertes por tuberculosis a nivel mundial

2016

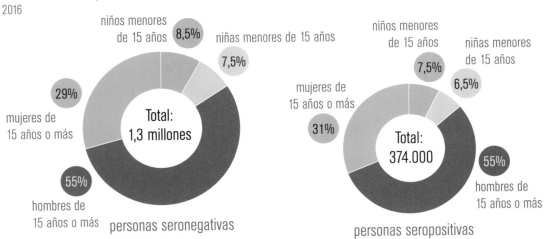

niños menores de 15 años 8,5%
niñas menores de 15 años 7,5%
mujeres de 15 años o más 29%
hombres de 15 años o más 55%
Total: 1,3 millones
personas seronegativas

niños menores de 15 años 7,5%
niñas menores de 15 años 6,5%
mujeres de 15 años o más 31%
hombres de 15 años o más 55%
Total: 374.000
personas seropositivas

Malaria

Las muertes por malaria descienden en todo el mundo, pero esta enfermedad sigue siendo un gran azote que mata a medio millón de personas al año y debilita a millones más. **En 2016 hubo unos 216 casos nuevos de malaria en el mundo, casi un 90% de ellos en África.**

La malaria mata a más niños que adultos: **del 16% al 24% de las muertes infantiles en África se deben a la malaria.** El número global de víctimas es ligeramente superior en mujeres que en hombres. Las responsabilidades del hogar, como cocinar la cena al aire libre o levantarse antes del alba para traer agua, pueden suponer para ellas un particular riesgo de contraer la malaria.

Las embarazadas son especialmente susceptibles: sus tasas de infección son más altas por su inmunidad disminuida, y una infección en el embarazo supone unos riesgos sustanciales para la madre, el feto y el recién nacido. Un 60% de las embarazadas de África no tiene acceso a tratamientos preventivos. Los cuidados sanitarios suelen estar lejos, ser caros, y en muchos sitios la mujer tiene que pedir permiso a su marido para recibir tratamiento ella o sus hijos.

EN ÁFRICA MUEREN 10.000 MUJERES AL AÑO POR INFECCIONES DE MALARIA DURANTE EL EMBARAZO.

Tasa anual de mortalidad por malaria

datos más recientes desde 2013

♀ tasa de mortalidad más alta en mujeres

muertes por cada 100.000 personas

0   238

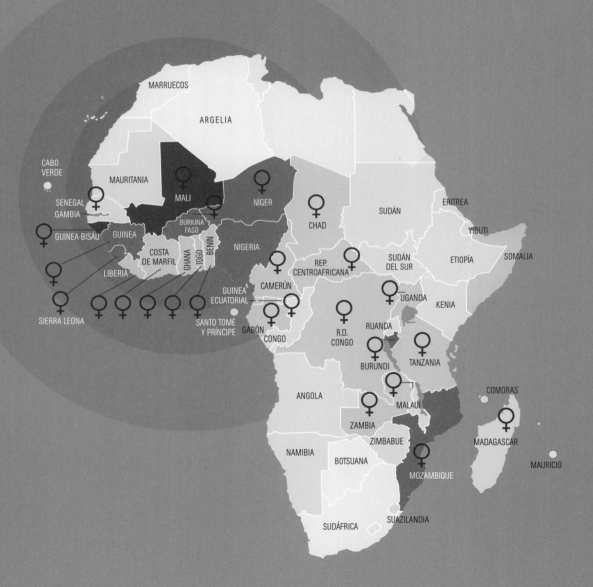

Zona prohibida

2015

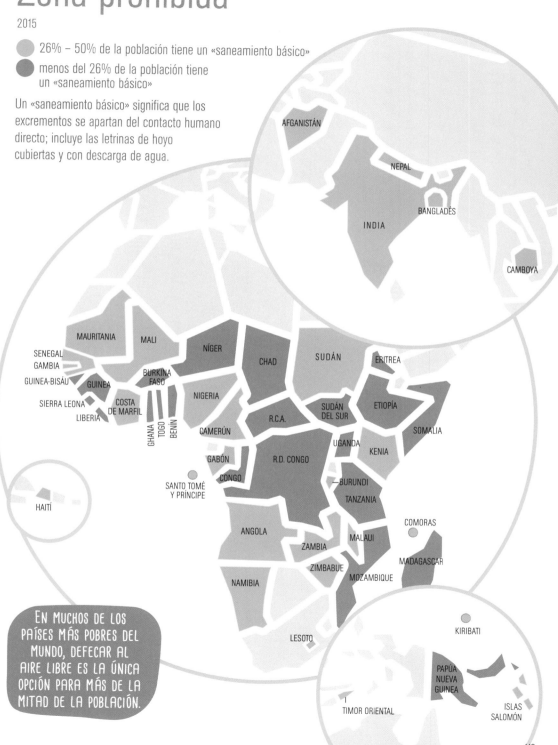

- 26% – 50% de la población tiene un «saneamiento básico»
- menos del 26% de la población tiene un «saneamiento básico»

Un «saneamiento básico» significa que los excrementos se apartan del contacto humano directo; incluye las letrinas de hoyo cubiertas y con descarga de agua.

AFGANISTÁN

NEPAL

BANGLADÉS

INDIA

CAMBOYA

MAURITANIA

MALI

NÍGER

CHAD

SUDÁN

ERITREA

SENEGAL

GAMBIA

GUINEA-BISÁU

GUINEA

BURKINA FASO

NIGERIA

SUDÁN DEL SUR

ETIOPÍA

SIERRA LEONA

COSTA DE MARFIL

LIBERIA

GHANA

TOGO

BENÍN

CAMERÚN

R.C.A.

SOMALIA

GABÓN

R.D. CONGO

UGANDA

KENIA

SANTO TOMÉ Y PRÍNCIPE

CONGO

BURUNDI

TANZANIA

HAITÍ

ANGOLA

ZAMBIA

MALAUI

COMORAS

MADAGASCAR

ZIMBABUE

MOZAMBIQUE

NAMIBIA

LESOTO

KIRIBATI

EN MUCHOS DE LOS PAÍSES MÁS POBRES DEL MUNDO, DEFECAR AL AIRE LIBRE ES LA ÚNICA OPCIÓN PARA MÁS DE LA MITAD DE LA POBLACIÓN.

PAPÚA NUEVA GUINEA

TIMOR ORIENTAL

ISLAS SALOMÓN

Para beber

EE. UU.:

Los **pesticidas** contaminan el suministro de agua por todo EE. UU.: hasta 12 millones de personas beben agua contaminada con altos niveles de 1,2,3-tricloropropano (TCP); el cromo hexavalente **(producto químico industrial** famoso gracias al activismo de Erin Brockovich) está presente en el agua potable de más de 250 millones de estadounidenses; hay 1,4-dioxano (un disolvente industrial) en el agua que beben más de 7 millones de personas en niveles que superan el umbral del «riesgo insignificante de cáncer» de la Agencia de Protección Medioambiental.

En nuestra dieta cotidiana hay sustancias químicas plásticas, muchas de ellas disruptores endocrinos, posibles causas del cáncer de mama y la alteración sexual estrogénica. En 2017 se hallaron microfibras plásticas en el 83% de las muestras de agua potable del mundo.

La contaminación del agua dulce con **pesticidas** es una amenaza mundial. En 2015 se hallaron concentraciones de insecticidas agrícolas fuera de normativa en más del 50% de las muestras de agua dulce y sedimentos de 73 países.

HAITÍ

MAURITANIA
MALI
NÍGER
BURKINA FASO
GUINEA-BISÁU
GUINEA
COSTA DE MARFIL
TOGO
BENÍN
NIGERIA
SIERRA LEONA
LIBERIA
CAMERÚN
GUINEA ECUATORIAL
CO
AN
NAMIE

213.725

Sudeste asiático

150.179

181.476

África

186.130

Agua sucia

menos del 75% de la población tiene acceso a un suministro básico de agua (tratada) 2015

El acceso a un suministro de agua «tratada» ha aumentado drásticamente en los últimos 20 años. Aun así, carecen de ella entre 600 y 800 millones de personas, en su mayoría pobres y de zonas rurales de países en desarrollo. De ellas, casi la mitad vive en el África Subsahariana.

El agua potable, incluso la «tratada», no es siempre salubre. La contaminación fecal del agua mata a cientos de miles de personas al año y las amenazas químicas aumentan con rapidez. Ni siquiera los sistemas avanzados de tratamiento de agua son capaces de eliminar muchos pesticidas y otros residuos químicos cada vez más comunes.

TAYIKISTÁN
AFGANISTÁN

BIRMANIA

SUDÁN   ERITREA   YEMEN
AD.
SUDÁN   ETIOPÍA
R.C.A.   DEL SUR
                 SOMALIA
UGANDA   KENIA
R.D.
CONGO   RUANDA
         BURUNDI

         TANZANIA

ZAMBIA   MALAUI

ZIMBABUE   MADAGASCAR

         SUAZILANDIA
         LESOTO

KIRIBATI

TIMOR ORIENTAL   PAPÚA NUEVA GUINEA
                 ISLAS SALOMÓN

Muertes por diarrea

2014

mujeres  hombres

Mediterráneo Oriental
ingresos bajos y medios

Pacífico Occidental
ingresos bajos y medios

toda América
ingresos bajos
y medios

Europa
ingresos bajos
y medios

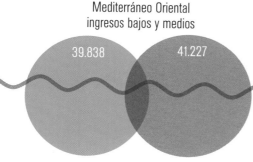

39.838   41.227

6.536   7.626

5.525   6.021

1.675   1.890

Aseos

Solo el 27% de la población mundial tiene acceso a los mejores saneamientos: instalaciones privadas conectadas con un alcantarillado cuyas aguas residuales se tratan. **2.300 millones de personas siguen sin tener saneamientos básicos como retretes o letrinas.** Unos 1.000 millones de personas tienen que defecar al aire libre: en alcantarillas callejeras, detrás de arbustos o en aguas naturales.

Para las mujeres, defecar al aire libre es particularmente humillante, sobre todo en la menstruación; esto también las empuja a buscar lugares aislados, donde son vulnerables a violaciones y abusos. Un embarazo sin saneamientos salubres es precario.

El acceso, uso y control de los aseos es un importante indicador social. Su disponibilidad refleja (y moldea) las normas de género, y en este aspecto los aseos públicos para mujeres van por detrás de los de hombres en todo el mundo, como sabe cualquier mujer que haya hecho una larga cola mientras los hombres entran y salen volando de los suyos. La falta o insuficiencia de aseos femeninos refleja y refuerza la exclusión de la mujer de los poderes públicos y del espacio público en general: cuesta participar plenamente en la vida social si no tienes dónde hacer pis. La escolarización de las niñas se ve afectada. Muchos colegios de países o barrios pobres no tienen aseos salubres o privados; sin ellos, las niñas no pueden ir a clase, en especial en la pubertad.

En muchas partes del mundo, los movimientos por los derechos de gays y transexuales exigen que se atiendan las necesidades de las minorías sexuales en cuanto a los aseos. Esto ha inflamado a políticos y grupos conservadores, como era predecible. Muchas feministas plantean un problema político más complicado: allá donde el activismo por el derecho a un aseo ha fomentado la aparición de aseos multigénero, la sustitución de espacios femeninos por otros «neutros» no es necesariamente liberadora para todos.

En 2015, más 500.000 hogares en EE. UU. (1,3 millones de personas) carecían de una «instalación de fontanería completa». Las cifras son especialmente altas en condados que incluyen reservas indias: en un condado de Dakota del Sur, por ejemplo, el 14% de los hogares carecía de fontanería completa en 2014, y en el condado de Apache, en Arizona, era el 17%.

¡Derecho a orinar!

> La injusticia de género en el acceso a un retrete ha estimulado el activismo por el «derecho a orinar» y ha dado visibilidad pública a las necesidades de higiene menstrual y de acceso a un aseo, antes ocultas y privadas.

Activismo por el derecho a orinar, Bombay, India, 2017

Un planeta contaminado

La contaminación nos pasa factura

EL COSTE MUNDIAL DE ENFERMEDADES, DISCAPACIDAD E INVALIDEZ QUE CAUSA LA CONTAMINACIÓN SUPERARÍA EL 10% DEL PIB MUNDIAL. PAGAMOS EL PRECIO DE LAS ENFERMEDADES, LA ATENCIÓN SANITARIA Y LA PÉRDIDA DE SALARIOS Y PRODUCTIVIDAD POR LA EXPOSICIÓN A LA CONTAMINACIÓN DEL AIRE, SUSTANCIAS QUÍMICAS, PLOMO, MERCURIO, PESTICIDAS, NEUROTOXINAS Y OTROS CONTAMINANTES GENERADOS POR EL HOMBRE.

> "Podríamos ser el agente causante de nuestra propia extinción y de la del resto de la vida sobre la tierra [...] Hemos alterado tanto las condiciones de la naturaleza que la tierra se vuelve inhabitable."
>
> Sylvia Earle, bióloga marina, 2017

> "No deberíamos seguir aceptando el consejo de quien nos dice que llenemos el mundo de sustancias químicas venenosas."
>
> Rachel Carson, bióloga y conservacionista, *Primavera silenciosa*, 1962

La contaminación nos cuesta la salud

LAS ENFERMEDADES RELACIONADAS CON LA CONTAMINACIÓN SUPUSIERON UNOS 9 MILLONES DE MUERTES PREMATURAS EN 2015: EL 16% DE TODAS LAS MUERTES DEL MUNDO, CASI 3 VECES MÁS QUE POR SIDA, TUBERCULOSIS Y MALARIA JUNTAS. EN LOS LUGARES MÁS CONTAMINADOS, ESTAS ENFERMEDADES CAUSAN MÁS DE 1 DE CADA 4 MUERTES.
LA CONTAMINACIÓN MATA MÁS A LOS POBRES Y LOS VULNERABLES. EN TODAS PARTES, LAS ENFERMEDADES QUE CAUSA TIENEN MÁS INCIDENCIA EN LAS MINORÍAS Y LOS GRUPOS MARGINADOS, CON UNOS NÚCLEOS DE CONTAMINACIÓN QUE ESTÁN MÁS CONCENTRADOS EN LAS COMUNIDADES MÁS POBRES.

Autismo
El riesgo de tener un hijo autista se duplica en madres que viven cerca de una autopista durante el embarazo. Un niño tiene un 66% más de probabilidades de sufrir autismo si su madre vivía cerca de cultivos donde emplearan pesticidas con organofosfato durante el embarazo.

Partos prematuros
En EE. UU., unos 16.000 partos prematuros (con riesgo para la madre y el hijo) al año son atribuibles a la contaminación.

Plomo
Los niños de unos 4 millones de hogares en EE. UU. podrían estar expuestos a altos niveles de plomo.

> "No podemos seguir viendo la contaminación como una cuestión medioambiental aislada, sino como un problema trascendental que afecta al bienestar de sociedades enteras."
>
> Comisión Lancet, 2017

En EE. UU.

Polvareda mortal

En buena parte del mundo, especialmente en lugares urbanizados, industrializados, ricos, con altos niveles de consumo, la gente vive en una niebla de sustancias químicas sintéticas. En un hogar occidental moderno, bien aislado contra los elementos, puede haber una densidad particularmente alta de sustancias químicas que sabemos o sospechamos que son cancerígenas, tóxicas. De las 80.000 sustancias químicas presentes en los productos cotidianos en EE. UU., sabemos que unas 1.300 son disruptores endocrinos muy relacionados con el cáncer de mama sensible a las hormonas y los trastornos reproductivos de hombres y mujeres.

Productos químicos tóxicos en el hogar

En 2016, en EE. UU., el 90% de las muestras de polvo doméstico contenía sustancias químicas peligrosas para la salud, con una probable toxicidad para el sistema reproductivo, para el desarrollo fetal/infantil, relacionadas con el cáncer y las alteraciones hormonales.

LOS RESIDUOS DE PESTICIDAS SON COMUNES EN LOS HOGARES EN EE. UU.: EL 75% UTILIZÓ AL MENOS UN PESTICIDA BAJO SU TECHO EN 2016.

DEHP
DEHA
BBzP
DnPB
DiPB
MeP
HHCB
TPHP
TDCIPP
HBCDD
PFC

FTALATOS: SUELOS DE VINILO, ENVASES DE ALIMENTOS, LACA DE UÑAS, PINTURAS, PRODUCTOS DE BELLEZA Y CUIDADO PERSONAL

FENOL: COSMÉTICOS, LOCIONES, DESODORANTES

PERFUME: PRODUCTOS AROMATIZADOS

MATERIALES IGNÍFUGOS: MOBILIARIO TRATADO, PRODUCTOS PARA EL BEBÉ, AISLAMIENTOS CONSTRUCTIVOS, ACOLCHADO DE ALFOMBRAS

COMPUESTOS PERFLUORADOS: EQUIPAMIENTO IMPERMEABLE, TEXTILES Y ALFOMBRAS REPELENTES DE LAS MANCHAS, CIRCUITOS IMPRESOS, SARTENES ANTIADHERENTES

Un aire mortal

Unos 3.000 millones de personas cocinan y calientan sus hogares con «combustibles sólidos»: leña, carbón, estiércol o residuos agrícolas que queman en hogueras o en fogones tradicionales. Mueren al año más de 4 millones de personas por la consiguiente contaminación del aire en el hogar. Las mujeres sufren una exposición más larga y más habitual por su mayor participación en las tareas en el hogar, pero esta contaminación mata a más hombres por su mayor nivel de enfermedades subyacentes, como el tabaquismo. Unas cocinas con bajo consumo de combustible (en desarrollo desde hace tiempo) podrían disminuir el impacto de las emisiones de partículas de los combustibles sólidos, pero las pruebas de sus beneficios reales no son concluyentes.

Muertes por contaminación en el hogar por región

Regiones con cifras más altas de muertes por contaminación en el hogar, sobre todo por quema de combustibles sólidos
2012

- África
- Pacífico Occidental
- Sudeste Asiático
- Mediterráneo Oriental

Muertes a nivel mundial

mujeres, 25 años o más
hombres, 25 años o más
niños de 0 a 4 años

534.000

1,8 m

2012

2 m

0,2 m

0,6 m

1,6 m

1,7 m

¡No te comas el pescado!

El mercurio, una poderosa neurotoxina, se acumula en la cadena trófica marina. Hace mucho que se advierte a las embarazadas sobre el peligro de ingerir ciertos pescados. Además del riesgo para la mujer, el consumo de mercurio puede provocar trastornos en el desarrollo del feto. Las culturas y comunidades con alto consumo de pescado corren un particular riesgo.

Inuit (Canadá):

de Nunavik (norte de Quebec) y el 72% de las mujeres en edad reproductiva de una comunidad tenían niveles de mercurio superiores al máximo recomendado en Canadá. En un estudio de 2007-2008, el 25% de los niños de Nunavut tenía unos niveles de mercurio iguales o superiores a la recomendación de la OMS.

En 2004, el 28% de la población

EE. UU.

En 2010-2011, el 2,4% de las mujeres y el 3,7% de los hombres tenía un nivel de metilmercurio superior a la recomendación de la APM, pero las cifras variaban mucho por raza u origen étnico:

DE ORIGEN MEXICANO	0,4%
NEGROS NO HISPANOS	2,1%
BLANCOS NO HISPANOS	2,8%
ASIÁTICOS	15,6%

Minimata

LOS PELIGROS DE LA EXPOSICIÓN AL MERCURIO SE MANIFESTARON POR PRIMERA VEZ EN LOS AÑOS 50 EN MINIMATA, JAPÓN. DURANTE DÉCADAS, UNA PLANTA QUÍMICA VERTIÓ EN LA BAHÍA DE MINIMATA AGUAS RESIDUALES CONTAMINADAS CON MERCURIO, QUE SE ACUMULÓ EN LA CADENA TRÓFICA Y CAUSÓ MILES DE MALFORMACIONES, MUERTES Y DEFECTOS CONGÉNITOS EN LA POBLACIÓN LOCAL.

Zonas de peligro

Porcentaje de mujeres en edad reproductiva con niveles de mercurio superiores a la recomendación de la APM (en muestras de pelo)
2017

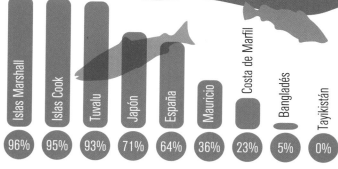

Kiribati	Islas Marshall	Islas Cook	Tuvalu	Japón	España	Mauricio	Costa de Marfil	Bangladés	Tayikistán
100%	96%	95%	93%	71%	64%	36%	23%	5%	0%

Trabajo

El trabajo no remunerado es una mayor carga para las mujeres que para los hombres.

Uno de los grandes cambios en el mundo laboral son las cifras sin precedentes de la incorporación de la mujer al empleo asalariado. Por un lado, esto puede proporcionar un empoderamiento y una autonomía considerables. Para la mujer, controlar su propio destino económico es la base de los demás derechos. Sin un sueldo, a la mujer le cuesta mucho más salir de una relación con malos tratos, explorar identidades sexuales, disponer de medios para tomar decisiones reproductivas o planificar su futuro y el de sus hijos.

Por otro lado, los términos de la incorporación femenina al trabajo suelen ser muy distintos de los masculinos: universalmente, la mujer cobra menos por un empleo igual y equivalente (una brecha que amplían la edad y la raza/origen étnico); los empleos no se suelen acomodar al papel reproductivo de la mujer, que se ve concentrada en ciertos sectores y «marginada» a puestos «para mujeres». El feminismo suele decir que las mujeres están atrapadas entre un «suelo pegajoso y un techo de cristal», se las concentra en sectores de bajo nivel y salario y se les impide acceder a los puestos más altos de poder y autoridad en el trabajo.

Buena parte del «trabajo» total de mujeres y hombres no figura en las estadísticas oficiales. Trabajo sumergido, no remunerado, «voluntario», en el cuidado de los niños, en el hogar... todos resultan invisibles. El trabajo no remunerado es una mayor carga para las mujeres que para los hombres: cuando tenemos en cuenta todas las tareas necesarias para mantener el hogar y a la familia, incluidas las tareas del hogar y el cuidado de los niños, las mujeres trabajan un 60% más que los hombres en todo el mundo.

Empleos marginados

datos más recientes desde 2010

En el ámbito laboral, las mujeres están «concentradas» y «marginadas»: en todo el mundo hay trabajos «de hombres» y trabajos «de mujeres», aunque su definición cambie con el tiempo y de un lugar a otro. Los empleos que se permiten o se fomentan para unos y para otras reflejan las normas culturales acerca de lo que es correcto desde el punto de vista de la femineidad y la masculinidad, así como su distinta situación. Cuando las mujeres son mayoría en un sector específico, sus trabajos están peor pagados y valorados.

Trabajos de mujeres, en casi todo el mundo

Profesionales de enfermería y obstetricia:
mayoría de mujeres en R. Unido (89%) y Bangladés (88%)

Profesorado de primaria:
mayoría de mujeres en R. Unido (89%), Mongolia (96%), Nueva Zelanda (84%) y Bolivia (66%)
PERO hay mayoría de hombres en Liberia (87%) y Nepal (58%)

Trabajadores de atención telefónica:
mayoría de mujeres en Malasia, Filipinas y Letonia

Higienistas dentales:
mayoría de mujeres en Europa (97%), EE. UU. (97%) y Canadá (97%)

Trabajos de hombres, en casi todo el mundo

Cirujanos:
mayoría de hombres en Austria (90%, cirugía general), R. Unido (89%, especialistas) y Nueva Zelanda (91%, todas las especialidades)

Pilotos de aerolíneas:
mayoría de hombres en EE. UU. (93%), Finlandia (88%), Japón (93%) y Brasil (98%); un 93% a nivel mundial

Peones no cualificados en construcción de carreteras:
mayoría de hombres en EE. UU., Brasil y Francia
PERO mayoría de mujeres en la India y Nepal

Taxistas:
mayoría de hombres en R. Unido (98%), Hong Kong (85%) y Australia (94%) **PERO** «Uber promete crear 100.000 empleos para conductoras en 2020 como parte de su colaboración con ONU Mujeres»

¿Un cambio de puestos?

Odontología:
EE. UU.: porcentaje de mujeres estudiantes de primer año de Odontología: 1978: 16%; 2014: 48%

Veterinaria:
EE. UU.: porcentaje de mujeres estudiantes en facultades de Veterinaria: 1986: 50%; 2017: 80%

La mujer en el mundo laboral
Porcentaje de mujeres de 15 a 64 años que trabajan por un salario

datos más recientes desde 2012

- 70% o más
- 50% – 69%
- 30% – 49%
- menos de 30%
- sin datos

Trae el dinero

Porcentaje de mujeres que dicen tener el control de las decisiones sobre el uso de sus propios ingresos

datos más recientes desde 2012

Camboya 74%
Benin 70%

Costa de Marfil, Perú 68%
Indonesia, Congo 65%
Gabón, Ghana 63%

Rep. Dominicana 57%
Yemen 54%
Haití, Honduras 53%
Nepal, Pakistán 52%
Birmania, Guatemala 51%

Mapa — etiquetas:

ISLANDIA, SUECIA, FINLANDIA, NORUEGA, ESTONIA, LETONIA, LITUANIA, DINAMARCA, RUS., IRLANDA, R.U., HOL., POLONIA, ALEMANIA, BÉLGICA, REP. CHECA, ESLOVAQUIA, LUX., LIECHT., AUSTRIA, HUNGRÍA, RUMANIA, FRANCIA, SUIZA, ESLO., CROACIA B-H SERBIA, BULGA., S.M., MONT., KOSOVO, PORTUGAL, MÓNACO, ALBANIA, MACEDONI, ESPAÑA, ITALIA, GRECIA, MARRUECOS, TÚNEZ, MALTA

CANADÁ, EE. UU., BERMUDAS, MÉXICO, BAHAMAS, CUBA, I. CAIMAN, REP. DOMINICANA, BELICE, JAMAICA, HAITÍ, GUADALUPE, GUATEMALA, HONDURAS, EL SALVADOR, NICARAGUA, GRANADA, MARTINICA, STA. LUCÍA, BARBADOS, COSTA RICA, PANAMÁ, VENEZUELA, TRINIDAD Y TOBAGO, SURINAM, COLOMBIA, ECUADOR, PERÚ, BRASIL, BOLIVIA, PARAGUAY, CHILE, ARGENTINA, URUGUAY

ARGELIA, MAURITANIA, MALI, SENEGAL, GAMBIA, BURKINA FASO, SIERRA LEONA, COSTA DE MARFIL, GHANA, NIGE, CAMERU, SURINAM

En el mundo, cada vez más mujeres trabajan fuera de casa a cambio de un salario, pero suele ser en circunstancias distintas a los hombres: por menos dinero, en empleos distintos y con otras limitaciones. Hay que tratar con precaución los datos de incorporación al empleo. Lo que se considera «empleo» en las estadísticas oficiales invisibiliza muchos trabajos en el mundo, en especial los de la mujer.

Kenia 49%
Filipinas 46%
Afganistán 41%
Angola 40%

Jordania 39%
Kirguistán 35%
Tayikistán 33%
Bangladés, Zimbabue 32%
Etiopía, Liberia 30%

R.D. Congo, Egipto 29%
Malaui 28%

La brecha salarial

Los salarios de la mujer son inferiores a los del hombre en todas partes, una brecha que se amplía con la raza y la edad. Uno de los principales motores de esta brecha es la mera discriminación: a pesar de las recientes leyes de igualdad en muchos países, la mujer sigue cobrando menos que el hombre por el mismo trabajo, y no tiene las mismas oportunidades de promoción y ascenso. La brecha global es aún más compleja y la brecha de género es aún más amplia. La mujer se ve atrapada entre un suelo pegajoso y un techo de cristal.

Sus ingresos son menores porque: se ven concentradas y marginadas a empleos feminizados (con sueldos bajos) mientras los empleos con sueldos altos están muy masculinizados; la mujer trabaja más a tiempo parcial, y los desequilibrios de género en las exigencias del cuidado familiar cortan su trayectoria laboral, a veces durante años. Cuando una mujer se jubila, conserva la brecha salarial en forma de pensión y prestaciones sociales.

BBC

En 2017 se destapó una gran brecha salarial de género en la BBC que provocó investigaciones del Gobierno, indignación pública y una crisis interna de confianza.

BBC, Reino Unido, 2017
Presentador mejor pagado:
2,2 millones de libras
Presentadora mejor pagada:
450.000-500.000 libras

Walmart, EE. UU.

En 2001, la demanda colectiva por discriminación de género presentada por trabajadoras de Walmart puso de manifiesto una discriminación salarial sistemática: las trabajadoras por horas ganaban unos 1.100 dólares anuales menos que sus equivalentes hombres, 14.500 menos entre los encargados. El Tribunal Supremo desestimó el caso en 2011 afirmando que el colectivo (1,6 millones de mujeres) no estaba debidamente constituido. Siete de las mujeres del pleito inicial volvieron a denunciar en 2017. La historia continúa.

Raza, origen étnico, sueldo, EE. UU.

Ingresos de las mujeres en porcentaje respecto de los ingresos de los hombres de raza blanca

2016

90%	asiáticas
77%	blancas no hispanas

63% negras

59% nativas hawaianas / de las islas del Pacífico

57%	indias americanas / nativas de Alaska
54%	hispanas / latinas

Brecha en la zona euro

Porcentaje que supone el salario bruto medio por hora de la mujer respecto del de los hombres

2014–2015

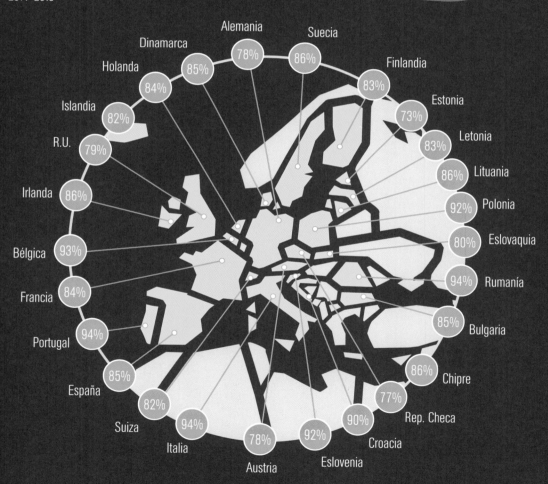

- Alemania 78%
- Dinamarca 85%
- Suecia 86%
- Holanda 84%
- Finlandia 83%
- Islandia 82%
- Estonia 73%
- R.U. 79%
- Letonia 83%
- Irlanda 86%
- Lituania 86%
- Bélgica 93%
- Polonia 92%
- Francia 84%
- Eslovaquia 80%
- Portugal 94%
- Rumanía 94%
- España 85%
- Bulgaria 85%
- Suiza 82%
- Chipre 86%
- Italia 94%
- Rep. Checa 77%
- Austria 78%
- Croacia 90%
- Eslovenia 92%

El empleo de la mujer

Empleo sumergido

Porcentaje de empleo femenino no agrícola en la economía sumergida
(en general, además del empleo formal)

datos más recientes desde 2012

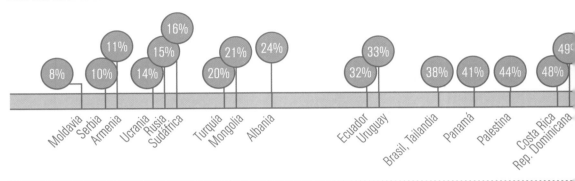

8% Moldavia
10% Serbia
11% Armenia
14% Ucrania
15% Rusia
16% Sudáfrica
20% Turquía
21% Mongolia
24% Albania
32% Ecuador
33% Uruguay
38% Brasil, Tailandia
41% Panamá
44% Palestina
48% Costa Rica
49% Rep. Dominicana

La cadena de montaje global

Porcentaje de mujeres en Zonas de Procesamiento
de Exportaciones (ZPE) respecto del total de trabajadores
2006

● mujeres
● hombres

Las ZPE son áreas industriales libres
de impuestos para compañías extranjeras.
No se suele aplicar la legislación laboral
y los trabajadores están desprotegidos.
En 2006, 130 países tenían ZPE.

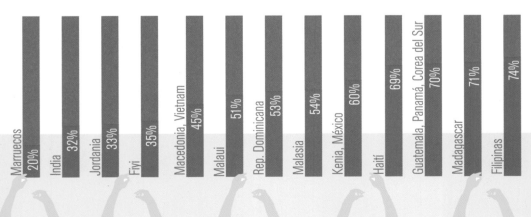

Marruecos 20%
India 32%
Jordania 33%
Fiyi 35%
Macedonia, Vietnam 45%
Malaui 51%
Rep. Dominicana 53%
Malasia 54%
Kenia, México 60%
Haití 69%
Guatemala, Panamá, Corea del Sur 70%
Madagascar 71%
Filipinas 74%

La economía «sumergida» engloba empleos no registrados, sin nóminas, habitualmente sin regulaciones, como la venta callejera, la venta de productos caseros o labores relacionadas con el hogar, como la costura y el cuidado de niños por dinero. Hay más mujeres que hombres en la economía sumergida.

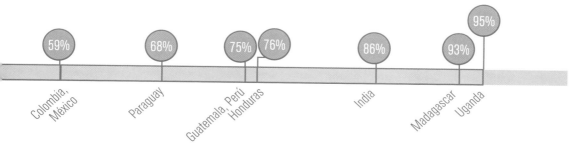

59% — Colombia, México
68% — Paraguay
75% — Guatemala, Perú
76% — Honduras
86% — India
93% — Madagascar
95% — Uganda

Zonas de Procesamiento de Exportaciones

Hay unas 3.500 ZPE en el mundo que emplean a más de 66 millones de personas, más del 85% en Asia. Uno de los rasgos del empleo en las ZPE es que está muy feminizado. Para la mujer, las ZPE son una oportunidad para incorporarse al mercado laboral, pero el «atractivo» de las trabajadoras (casi todas jóvenes) para las empresas es que se les puede pagar menos y se las ve más prescindibles. La producción barata para la exportación les sale cara a las trabajadoras.

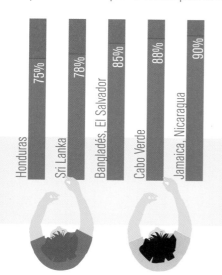

75% — Honduras
78% — Sri Lanka
85% — Bangladés, El Salvador
88% — Cabo Verde
90% — Jamaica, Nicaragua

En 2012, un incendio en la planta textil de la empresa Tazreen en Daca mató a 117 personas e hirió a varios centenares más. En 2013 se derrumbó el edificio de producción textil Rana Plaza de Daca: murieron 1.134 trabajadores y otros 2.000 resultaron heridos. En ambos casos, los encargados y los dueños hicieron caso omiso de las malas condiciones de seguridad a pesar de la preocupación expresada por los trabajadores. En Bangladés, entre el 85 y el 90% de los trabajadores de la industria textil para la exportación son mujeres.

Soledad en la cumbre

Porcentaje de mujeres en las juntas directivas de las mayores empresas que cotizan en bolsa

ejemplos seleccionados, 2016

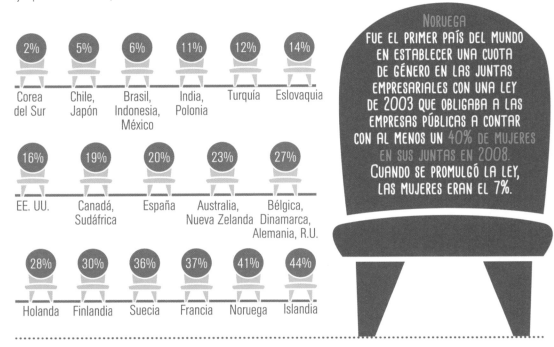

2% Corea del Sur

5% Chile, Japón

6% Brasil, Indonesia, México

11% India, Polonia

12% Turquía

14% Eslovaquia

16% EE. UU.

19% Canadá, Sudáfrica

20% España

23% Australia, Nueva Zelanda

27% Bélgica, Dinamarca, Alemania, R.U.

28% Holanda

30% Finlandia

36% Suecia

37% Francia

41% Noruega

44% Islandia

NORUEGA FUE EL PRIMER PAÍS DEL MUNDO EN ESTABLECER UNA CUOTA DE GÉNERO EN LAS JUNTAS EMPRESARIALES CON UNA LEY DE 2003 QUE OBLIGABA A LAS EMPRESAS PÚBLICAS A CONTAR CON AL MENOS UN 40% DE MUJERES EN SUS JUNTAS EN 2008. CUANDO SE PROMULGÓ LA LEY, LAS MUJERES ERAN EL 7%.

 6% de las 500 empresas más grandes (por beneficios) de EE. UU. en 2017 tenían una mujer como directora general

 80% de los 5.089 ejecutivos y altos cargos de las empresas de la lista Fortune 500 son hombres

... y el 73% son blancos, el 21% asiáticos, el 3% latinos, el 2% negros, el 0,2% nativos americanos y el 0,1% son nativos hawaianos o de las islas del Pacífico

#AHÍ LO DEJO

Las nuevas empresas no son mejores que las viejas en cuanto al género, sino peores. En 2017 en EE. UU., no había mujeres en la junta del 68% de las tecnológicas «míticas» (valoradas en miles de millones de dólares). En 2017, Twitter tenía 3 mujeres en una junta de 9 personas; Apple y Facebook tenían 2 de 8 cada una; Alphabet (empresa matriz de Google) tenía 3 de 12.

Baja por maternidad y paternidad
Exigencias legales y remuneración

En la mayoría de los países sin ayudas estatales, las empresas tienen que remunerarla

2013

- ● días de baja por maternidad (máximo)
- ● días de baja por paternidad
- % porcentaje de la nómina que se cobra durante la baja por maternidad

EE. UU. ES EL ÚNICO PAÍS DEL PRIMER MUNDO DONDE EL ESTADO NO OFRECE NI EXIGE REMUNERACIÓN POR BAJA DE MATERNIDAD.

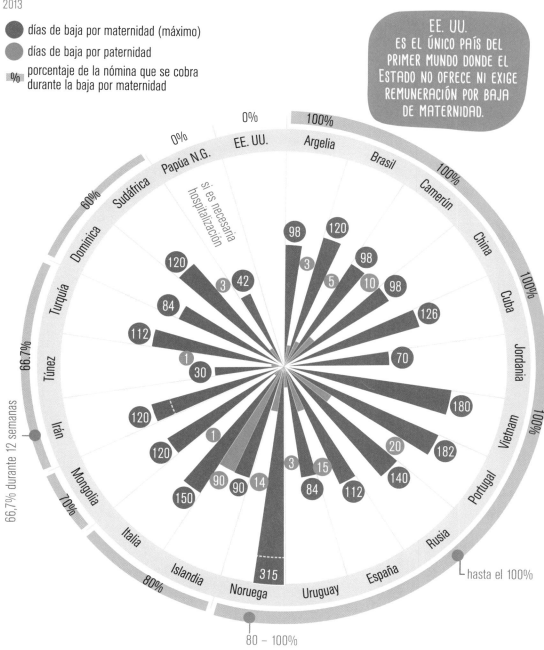

Desempleo

Porcentaje de hombres y mujeres de 25 años o más
que figuran oficialmente como desempleados

2016

- mujeres
- hombres

norte de Europa 4% 5%

Europa Occidental 6% 6%

Europa del Este 5% 6%

Norteamérica 4% 4%

sur de Europa 16% 13%

Oriente Medio 16% 5%

Asia Oriental 3% 4%

Caribe 10% 6%

norte de África 16% 7%

Asia Central y Occidental 8% 7%

sur de Asia 4% 3%

Centroamérica 4% 3%

África Occidental 5% 4%

África Oriental 6% 3%

islas del Pacífico 5% 4%

Sudamérica 9% 6%

sur de África 24% 20%

Raza y sexo: interrelación en el empleo

- mujeres
- hombres

Sudáfrica
Porcentaje oficial de parados
2015

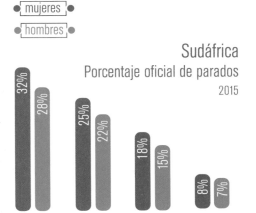

africanos 32% 28%
mulatos 25% 22%
asiáticos 18% 15%
blancos 8% 7%

EE. UU.
Porcentaje oficial de parados de 16 años o más
2017 (primer trimestre)

negros 7% 9%
hispanos 6% 6%
blancos 4% 5%
asiáticos 3% 4%

ajo a tiempo parcial

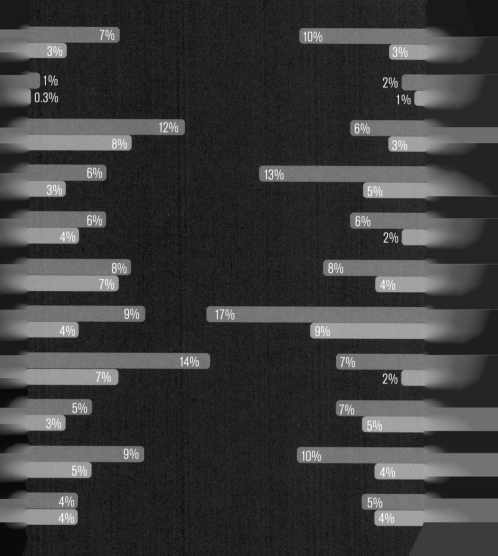

pleados
ue trabaja a tiempo parcial
ajar más horas (14 años o más)

En empleos marg
a tiempo
Porcentaje que traba
semanales o menos (15

7%	10%
3%	3%
1%	2%
0.3%	1%
12%	6%
8%	3%
6%	13%
3%	5%
6%	6%
4%	2%
8%	8%
7%	4%
9%	17%
4%	9%
14%	7%
7%	2%
5%	7%
3%	5%
9%	10%
5%	4%
4%	5%
4%	4%

Tareas domésticas y asistenciales

Trabajo no remunerado

Media de horas diarias en tareas
no remuneradas domésticas y de dependencia

datos más recientes desde 2012

- mujeres
- hombres

En todos los países, las mujeres realizan
más tareas no remuneradas que los
hombres. Los hombres realizan
más trabajos remunerados que las
mujeres, pero ellas dedican más tiempo
total al trabajo, entre las tareas
remuneradas y las no remuneradas.
La «pobreza de tiempo» es un factor
cada vez más reconocido en el
desempoderamiento de la mujer.

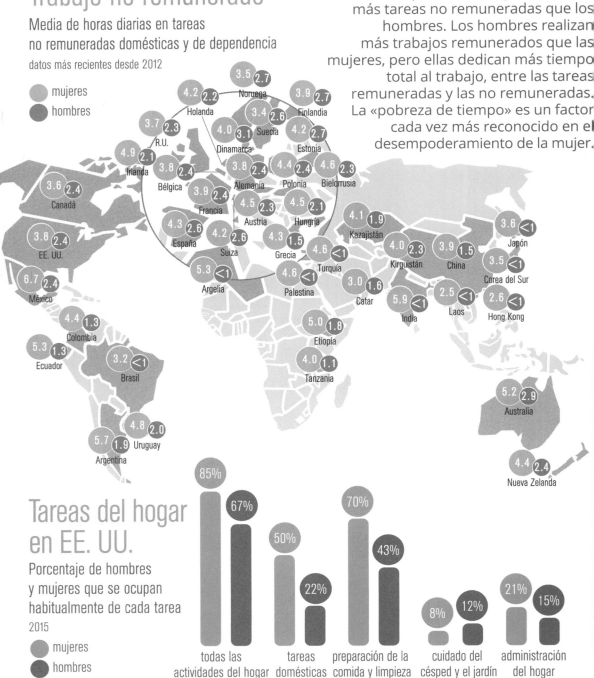

Noruega 3.5 / 2.7
Holanda 4.2 / 2.2
Finlandia 3.9 / 2.7
Suecia 3.4 / 2.6
R.U. 3.7 / 2.3
Dinamarca 4.0 / 3.1
Estonia 4.2 / 2.7
Irlanda 4.9 / 2.1
Bélgica 3.8 / 2.4
Alemania 3.8 / 2.4
Polonia 4.4 / 2.4
Bielorrusia 4.6 / 2.3
Francia 3.9 / 2.4
Austria 4.5 / 2.3
Hungría 4.5 / 2.1
Canadá 3.6 / 2.4
España 4.3 / 2.6
Suiza 4.2 / 2.6
Grecia 4.3 / 1.5
Kazajistán 4.1 / 1.9
EE. UU. 3.8 / 2.4
Turquía 4.6 / <1
Kirguistán 4.0 / 2.3
China 3.9 / 1.5
Japón 3.6 / <1
Argelia 5.3 / <1
Palestina 4.6 / <1
Catar 3.0 / 1.6
Corea del Sur 3.5 / <1
México 6.7 / 2.4
India 5.9 / <1
Laos 2.5 / <1
Hong Kong 2.6 / <1
Colombia 4.4 / 1.3
Etiopía 5.0 / 1.8
Ecuador 5.3 / 1.3
Brasil 3.2 / <1
Tanzania 4.0 / 1.1
Australia 5.2 / 2.9
Uruguay 4.8 / 2.0
Argentina 5.7 / 1.9
Nueva Zelanda 4.4 / 2.4

Tareas del hogar en EE. UU.

Porcentaje de hombres
y mujeres que se ocupan
habitualmente de cada tarea

2015

- mujeres
- hombres

tarea	mujeres	hombres
todas las actividades del hogar	85%	67%
tareas domésticas	50%	22%
preparación de la comida y limpieza	70%	43%
cuidado del césped y el jardín	8%	12%
administración del hogar	21%	15%

- Hablar con el colegio/guardería sobre cuestiones cotidianas
- Hablar con el colegio/guardería sobre las excursiones
- Ser la primera persona a la que llaman si hay un problema en el colegio/guardería
- Preparar la mochila del colegio
- Hacer/supervisar los deberes
- Organizar el cuidado de los niños
- Solicitudes en centros primaria/secundaria
- Organizar las citas para jugar
- Llevar a los niños a actividades
- Organizar fiestas de cumpleaños
- Comprar la ropa
- Organizar las Navidades
- Comprar los regalos/tarjetas de la familia
- Organizar citas con el médico/dentista/oculista
- Cuidar de los niños por las noches y los fines de semana
- Preparar actividades para que tu pareja cuide de los niños por las noches y los fines de semana
- Leer cuentos para dormir
- Cuidar de los niños cuando se ponen malos
- Pedir permiso en el trabajo para cuidar de los niños cuando se ponen malos
- Dormir a los niños cuando se despiertan por la noche
- Encargarse de los regalos de cumpleaños de la familia
- Reservar las vacaciones

«Cielos, esto es la revolución, y yo en bata»

«En los últimos diez años, los hombres han aumentado su participación en las tareas del hogar... unos seis minutos».

¿Quién hace la colada?

R.U., 2014

Tareas domésticas de las que se suele responsabilizar el hombre:
- Sacar la basura
- Reparaciones y chapuzas en casa
- Cambiar las bombillas

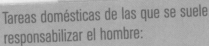

Tareas domésticas de las que se suele responsabilizar la mujer:
- Limpieza semanal
- Limpieza cotidiana
- Pasar el aspirador
- Limpieza de cocina/cuarto de baño
- Limpieza a fondo de la cocina (horno/frigorífico)
- Arreglar la casa
- Lavar la ropa
- Lavar la ropa de cama
- Cambiar las sábanas
- Planchar
- Administrar el presupuesto familiar
- Contratar el seguro del coche
- Contratar el seguro del hogar
- Organizar el pago de facturas de la casa y...

Quién decide en casa

Porcentaje de mujeres casadas de 15 a 49 años que dicen participar en las decisiones sobre los grandes gastos del hogar (ellas solas o con su marido)

datos más recientes desde 2012

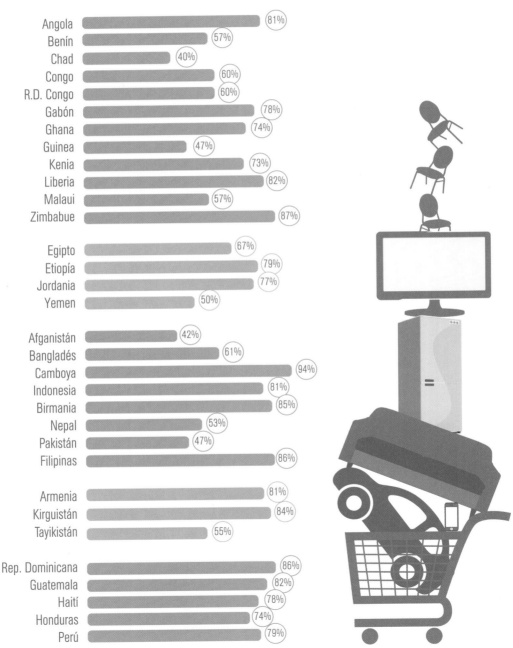

Angola 81%
Benín 57%
Chad 40%
Congo 60%
R.D. Congo 60%
Gabón 78%
Ghana 74%
Guinea 47%
Kenia 73%
Liberia 82%
Malaui 57%
Zimbabue 87%

Egipto 67%
Etiopía 79%
Jordania 77%
Yemen 50%

Afganistán 42%
Bangladés 61%
Camboya 94%
Indonesia 81%
Birmania 85%
Nepal 53%
Pakistán 47%
Filipinas 86%

Armenia 81%
Kirguistán 84%
Tayikistán 55%

Rep. Dominicana 86%
Guatemala 82%
Haití 78%
Honduras 74%
Perú 79%

Trabajo infantil

En todo el mundo, los niños son una mano de obra gratuita en el hogar, más las niñas que los niños, y suelen trabajar tantas horas que no pueden ir al colegio, jugar o desempeñar una actividad remunerada. Las tareas del hogar no figuran en la mayoría de las estadísticas oficiales de trabajo infantil.

TODOS LOS DÍAS SE SOMETE A TRABAJO INFANTIL A UNOS 152 MILLONES DE NIÑOS DE 5 A 17 AÑOS; EL 42% SON NIÑAS, EL 58% NIÑOS.

LA MAYORÍA TRABAJA EN GRANJAS O EMPRESAS FAMILIARES.

73 MILLONES REALIZAN TRABAJOS DE RIESGO COMO EN LAS MINAS O EN BARCOS DE PESCA.

50%   62%   65%   68%   70%

No solo alguna tarea

porcentaje de niñas de 5 a 17 que realizan tareas domésticas, en horas semanales
2016

| menos de 14 horas | 14–20 | 21–27 | 27–42 | 43 horas y más |

Infancias perdidas

20% o más de niñas de 5 a 17 años están empleadas en trabajo infantil
donde hay constancia, 2010-2016

KIRGUISTÁN

AFGANISTÁN

NEPAL

HAITÍ

MALI
NÍGER
CHAD
SUDÁN
YEMEN

GUINEA-BISÁU
BURKINA FASO
GUINEA
SIERRA LEONA
COSTA DE MARFIL
NIGERIA
ETIOPÍA
LIBERIA
GHANA
TOGO
BENÍN
R.C.A.
SOMALIA
CAMERÚN
GUINEA ECUATORIAL
KENIA
R.D. CONGO
RUANDA
BURUNDI
SANTO TOMÉ Y PRÍNCIPE
TANZANIA
COMORAS
ANGOLA
ZAMBIA
MALAUI
ISLAS SALOMÓN
MADAGASCAR
MOZAMBIQUE

BOLIVIA
PARAGUAY

LESOTO

137

Caminando a por agua

Allá donde hay que salir de casa para buscar agua, la tarea suele recaer sobre mujeres y niñas. Es un trabajo arduo físicamente y peligroso, ya que la búsqueda de agua puede llevarlas a lugares apartados, el agua en sí está sucia y es insalubre, y es una tarea que contribuye a la «pobreza de tiempo»: las horas no remuneradas dedicadas a coger agua privan a las mujeres y niñas de la oportunidad de participar en otras actividades escolares, en trabajos remunerados o en simple ocio.

¿Quién va a buscar el agua?
En hogares del África Subsahariana sin agua corriente
2006–2009

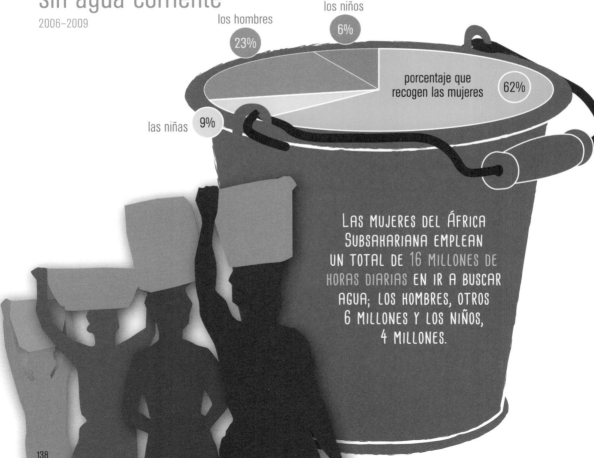

los niños
6%

los hombres
23%

las niñas 9%

porcentaje que recogen las mujeres
62%

Las mujeres del África Subsahariana emplean un total de 16 millones de horas diarias en ir a buscar agua; los hombres, otros 6 millones y los niños, 4 millones.

La mujer en la agricultura

La mano de obra agrícola mundial disminuye,
año a año.

Un 30% de la actividad económica femenina
mundial «contabilizada» es agrícola, frente
al 41% del año 2000. En los países menos
desarrollados está por encima del 60%.

Este descenso refleja los cambios en la producción
de los alimentos. Mientras en los países más
pobres predominan las pequeñas explotaciones,
la tendencia global va hacia la mecanización
y la concentración, donde los alimentos se
producen en campos más grandes con menos
gente, que suele trabajar para corporaciones
agrícolas multinacionales.

La mecanización y la concentración masculinizan
el campo, mientras las mujeres siguen
constituyendo la mayor parte de la mano de obra
en la agricultura a pequeña escala y de subsistencia.

Los cultivos comerciales se suelen considerar
«de hombres», y los de subsistencia, «de mujeres».

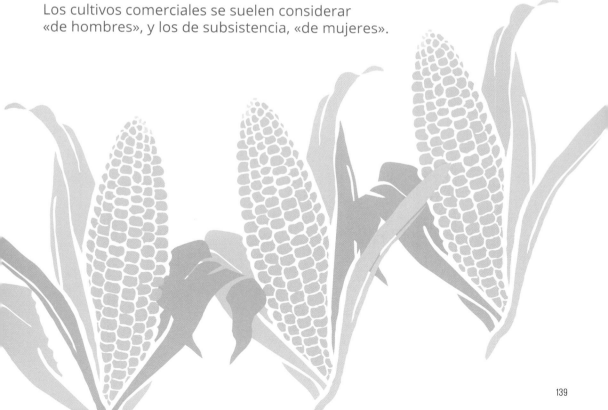

Empleo agrícola

Porcentaje de mujeres activas en
la agricultura (excluye el trabajo de
subsistencia o no remunerado
en granjas familiares)
2017

- 70% o más
- 50% – 69%
- 30% – 49%
- 10% – 29%
- menos del 10%
- sin datos

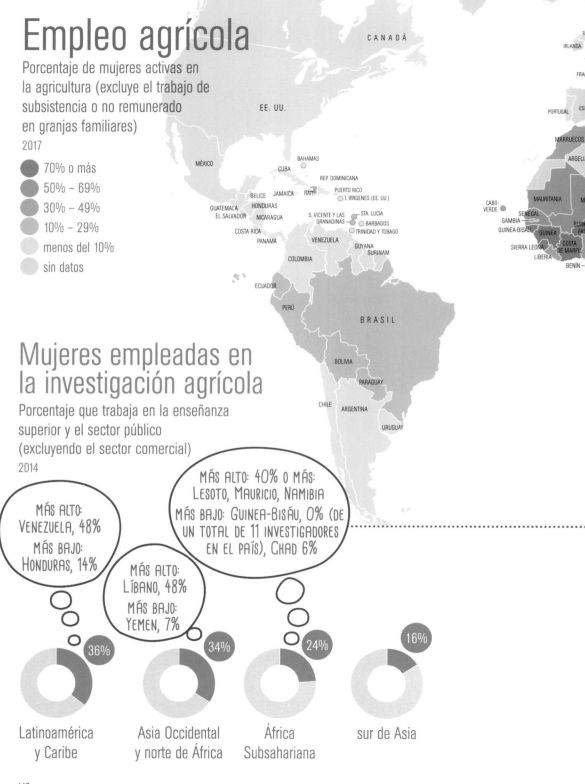

ISLANDIA

CANADÁ

IRLANDA

FRA

EE. UU.

PORTUGAL   ESI

MARRUECOS

MÉXICO
BAHAMAS
CUBA
REP. DOMINICANA
PUERTO RICO
I. VÍRGENES (EE. UU.)
BELICE   JAMAICA   HAITÍ
GUATEMALA   HONDURAS
EL SALVADOR   NICARAGUA
STA. LUCÍA
S. VICENTE Y LAS
GRANADINAS   BARBADOS
COSTA RICA   TRINIDAD Y TOBAGO
PANAMÁ   VENEZUELA
GUYANA
COLOMBIA   SURINAM
ECUADOR
PERÚ
BRASIL
BOLIVIA
PARAGUAY
CHILE   ARGENTINA
URUGUAY

ARGELI

CABO:
VERDE   MAURITANIA   M

SENEGAL
GAMBIA   BURN
GUINEA-BISÁU   GUINEA   FA
COSTA
SIERRA LEONA   DE MARFIL
LIBERIA
BENÍN   -

Mujeres empleadas en
la investigación agrícola

Porcentaje que trabaja en la enseñanza
superior y el sector público
(excluyendo el sector comercial)
2014

MÁS ALTO:
VENEZUELA, 48%
MÁS BAJO:
HONDURAS, 14%

MÁS ALTO: 40% O MÁS:
LESOTO, MAURICIO, NAMIBIA
MÁS BAJO: GUINEA-BISÁU, 0% (DE
UN TOTAL DE 11 INVESTIGADORES
EN EL PAÍS), CHAD 6%

MÁS ALTO:
LÍBANO, 48%
MÁS BAJO:
YEMEN, 7%

36%

34%

24%

16%

Latinoamérica
y Caribe

Asia Occidental
y norte de África

África
Subsahariana

sur de Asia

Servicios de extensión agraria

En los países en desarrollo, las mujeres son de media el **43%** de la mano de obra agrícola y unos dos tercios de los 600 millones de ganaderos más pobres del mundo. Aun así, solo el **15%** de los agentes de extensión agraria son mujeres, y solo el **5%** de las agricultoras se beneficia de sus servicios.

Acceso de los agricultores a expertos en extensión

2015

Etiopía
27% de los hombres
20% de las mujeres

Ghana
12% de los hogares encabezados por un hombre
2% de los hogares encabezados por una mujer

Malaui
15% de los hogares encabezados por un hombre
8% de los hogares encabezados por una mujer

Responsabilidad de las tareas del campo

La responsabilidad de las tareas y las decisiones en el campo varía mucho en función del lugar y la época, pero suele reflejar las normas culturales predominantes sobre femineidad y masculinidad.

Granjas ecológicas

Ontario, Canadá
Granjas de parejas heterosexuales
2007

hombres principalmente
- mantenimiento del equipo
- compra de semillas y suministros
- manejo del estiércol
- uso de fertilizantes
- tareas mecanizadas en el campo
- siembra

mujeres principalmente
- contabilidad

conjuntas
- cuidado del ganado
- quitar hierbas y cosechar a mano

Procesos del arroz tras la cosecha

este de Uganda
2016

hombres principalmente
- cosecha, cortado y atado
- trilla del arroz
- comprobación del secado del arroz
- empaquetado para almacenaje
- decisiones sobre la tecnología de cosecha

mujeres principalmente
- cocinar para los cosechadores
- voltear el arroz y hacer de espantapájaros durante el secado

conjuntas
- acarreo del arroz a las lonas de secado
- extender el arroz al sol para el secado
- aventado
- decisiones sobre la tecnología de aventado

Cultivo del café

Narino, Colombia
2015

hombres principalmente
- uso de pesticidas
- siembra
- selección de semillas
- gestión de la sombra
- poda
- uso de fertilizantes
- cosecha
- ventas

mujeres principalmente
no hay actividades asignadas principalmente a las mujeres en el cultivo del café
- cría del ganado

conjuntas
- procesado en húmedo
- secado

Género y vías de exposición a los pesticidas

Europa del Este
2015

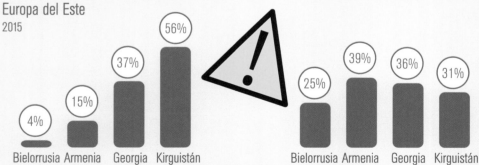

Porcentaje de agricultoras que manejan pesticidas directamente

Bielorrusia 4% · Armenia 15% · Georgia 37% · Kirguistán 56%

Porcentaje de agricultoras que NO manejan pesticidas directamente, pero lavan a mano ropa contaminada con pesticidas

Bielorrusia 25% · Armenia 39% · Georgia 36% · Kirguistán 31%

En la pesca

Porcentaje de mujeres empleadas en el sector pesquero, incluida la captura y el procesado
media global, 2012

Es un sector dominado por los hombres, pero las mujeres son el **47%** de la mano de obra en todo el ciclo de la industria pesquera. Las mujeres están más implicadas que los hombres en actividades como el procesamiento y la venta de pescado.

36%
explotación marina a pequeña escala

54%
explotación fluvial a pequeña escala

64%
explotación marina a gran escala

28%
explotación fluvial a gran escala

Procesamiento

Fiyi
90%
en conservas de pescado

Sudáfrica
62%
en procesado

Camboya
80%
en fábricas de salsa de pescado

Acuicultura

Porcentaje de mujeres en el empleo en acuicultura
(cría de gambas, tratamiento de algas, piscifactorías)
datos más recientes desde comienzos del siglo XXI

80%
Tanzania (Zanzíbar)
cultivo de flora marina

32%
U.E.

35%
Francia

29%
España

28%
Canadá

18%
Escocia (R.U.)

empleo en acuicultura

30%
Sri Lanka
cría de peces ornamentales

27%
Cuba
producción en acuicultura

13%
Tonga
cultivo de perlas

10%
Malasia
empleo en acuicultura

8% – 10%
Jamaica
dueñas de piscifactorías

Emigrar para trabajar

En 2015, el **3%** de la población mundial estaba en proceso de traslado, la mayoría cruzando fronteras internacionales. El **48%** de los emigrantes internacionales son mujeres, muchas en busca de una oportunidad económica.

ENFERMERAS

La escasez de auxiliares sanitarios en los países ricos impulsa flujos migratorios de mujeres. Los reclutadores internacionales buscan enfermeras en países pobres, en especial en África, Asia y el Caribe. Esto suele generar una grave escasez de personal sanitario en dichos países.

Entre 17.000 y 22.000 profesionales sanitarios emigran de Filipinas todos los años, la mayoría enfermeros. En 2010, 12.100 enfermeros filipinos, el 85% mujeres, fueron contratados en el extranjero, y fueron a: ▶

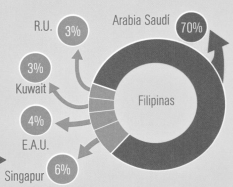

R.U. 3%
Arabia Saudí 70%
Kuwait 3%
E.A.U. 4%
Singapur 6%
Filipinas

Principales países que envían y reciben enfermeras

ENVÍAN		RECIBEN			AMBAS
Filipinas	Zimbabue	Australia	Suiza	E.A.U.	Irlanda
Guyana	Uganda	Nueva Zelanda	EE. UU.	Omán	España
Jamaica	Polonia	R.U.	Canadá	Baréin	
China	Lituania	Alemania	Israel	Catar	
India		Noruega	Arabia Saudí	Singapur	
		Holanda	Kuwait	Brunéi	
		Bélgica	Libia		

En EE. UU. en 2015, de las mujeres extranjeras contratadas en sanidad, la mayoría trabajaban como asistentes en enfermería, psiquiatría o cuidados domésticos (28%), o como enfermeras (27%). En contraste, sus equivalentes masculinos trabajaban más como médicos o cirujanos (30%) o como tecnólogos y técnicos (20%).

En 2017, el 15% de las enfermeras del Reino Unido eran inmigrantes: el 7% de otros países de la Unión Europea, la mayoría de Irlanda, Portugal y España; otro 8% procedía de países extracomunitarios, la mayor parte de la India, Filipinas y Zimbabue.

Porcentaje de enfermeras nacidas en el extranjero
2010–2011

Suiza 29%
Australia 25%
Nueva Zelanda 23%
Canadá 17%
EE. UU. 14%

Tareas domésticas

Hay 11,5 millones de trabajadores domésticos inmigrantes en el mundo: niñeras, limpiadores y cuidadores sanitarios internos. Aproximadamente un 73% de ellos son mujeres.

Dónde están

Distribución regional de mujeres inmigrantes que trabajan en empleos domésticos
2013

24%	22%	19%	12%	8%	7%	4%
Sudeste Asiático y Pacífico	norte, sur y oeste de Europa	países árabes	Asia Oriental	Latinoamérica y Caribe	EE. UU. y Canadá	África Subsahariana

Inmigración y empleo

Porcentaje de inmigrantes en todo el empleo doméstico
2013

En ciertos lugares, casi todos los empleados domésticos son inmigrantes

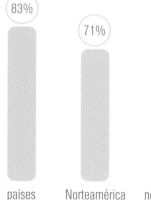

83%	71%	55%	32%	25%	25%
países árabes	Norteamérica	norte, sur y oeste de Europa	centro y oeste de Asia	Sudeste Asiático y Pacífico	Europa del Este

ARABIA SAUDÍ

Se calcula que Arabia Saudí alberga a un millón de mujeres inmigrantes, la mayoría de Indonesia, Filipinas y Sri Lanka, y casi todas trabajan como empleadas domésticas.

PROTECCIÓN

Los empleados domésticos, y más los inmigrantes, son vulnerables a los abusos y la explotación. El empleo doméstico queda completamente excluido de la legislación laboral en el 30% de los países del mundo, y solo está cubierto en la misma medida que el resto de los trabajadores en el 10% de los países del mundo.

Media de horas laborales semanales de los empleados del hogar
último año disponible desde 2008

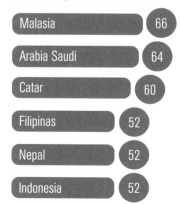

Malasia	66
Arabia Saudí	64
Catar	60
Filipinas	52
Nepal	52
Indonesia	52

Educación
y conectividad

Entonces me dije: «Malala, sé valiente. No debes tenerle miedo a nadie. Solo estás intentando conseguir una educación. No estás cometiendo ningún delito».

Malala Yousafzai

En Pakistán, en 2012, unos terroristas talibanes le pegaron un tiro en la cabeza a una colegiala de 15 años. Estaban intentando silenciar a Malala Yousafzai porque se había convertido en una abierta defensora, y muy visible, del derecho de las niñas a una educación. Al intentar matarla, querían intimidar a todas las niñas. Malala sobrevivió, venció y se convirtió en una defensora mundial de la educación de las niñas y en la galardonada más joven con el Premio Nobel de la Paz.

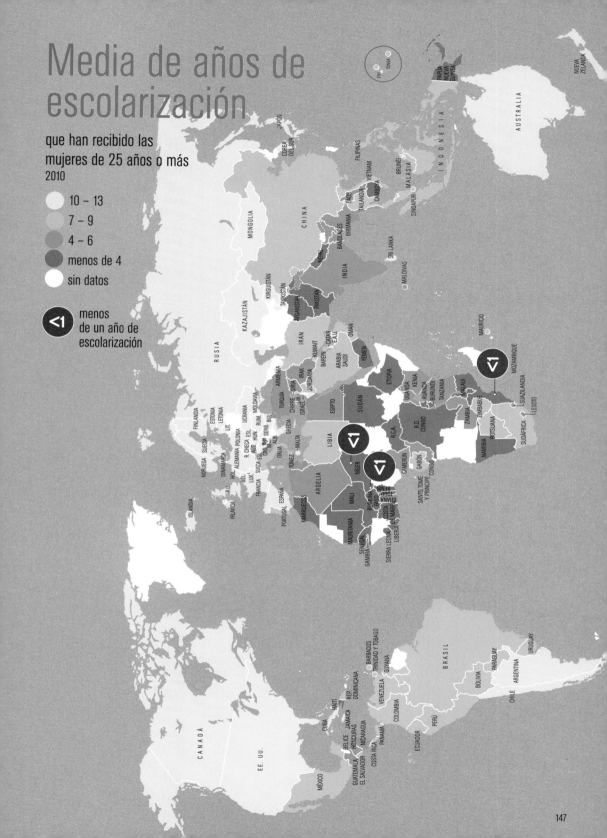

Media de años de escolarización

que han recibido las
mujeres de 25 años o más
2010

- 10 – 13
- 7 – 9
- 4 – 6
- menos de 4
- sin datos

<1 menos
de un año de
escolarización

Cuando no terminas el colegio
Porcentaje bajo de niñas que terminan primaria

2015, donde hay constancia de unos
índices inferiores al 75%

- ● 50% – 75%
- ● menos de 50%

Hay más niñas en enseñanza primaria que nunca, pero incluso la educación básica está fuera de su alcance en muchos países. Globalmente, en proporción, en los colegios ingresan menos niñas que niños, y a ellas las sacan antes. Cuando arrecian las dificultades (guerras, pobreza, disminución de ayudas disponibles) o se intensifican, se saca primero a las niñas del colegio si las familias y los gobiernos hacen recortes. Además, las niñas abandonan el colegio en la pubertad si no disponen de unas instalaciones de aseo adecuadas.

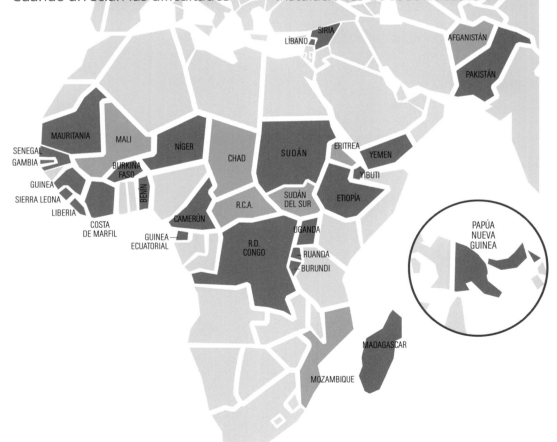

MAURITANIA · MALI · SENEGAL · GAMBIA · GUINEA · SIERRA LEONA · LIBERIA · COSTA DE MARFIL · GUINEA ECUATORIAL · BURKINA FASO · BENÍN · NÍGER · CAMERÚN · CHAD · R.C.A. · SUDÁN · SUDÁN DEL SUR · ERITREA · YEMEN · YIBUTI · ETIOPÍA · UGANDA · RUANDA · BURUNDI · R.D. CONGO · SIRIA · LÍBANO · AFGANISTÁN · PAKISTÁN · MADAGASCAR · MOZAMBIQUE · PAPÚA NUEVA GUINEA

Brecha de género y abandono escolar en primaria

Porcentaje que termina primaria, ejemplos seleccionados, 2015

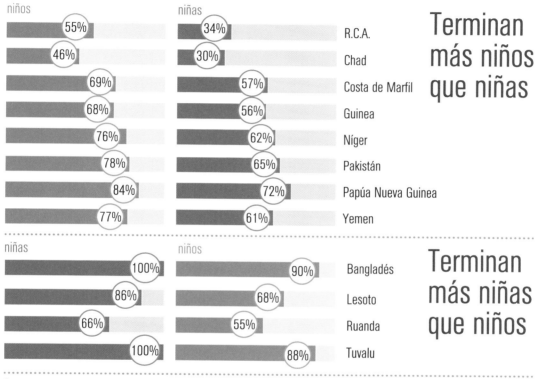

niños	niñas		
55%	34%	R.C.A.	**Terminan más niños que niñas**
46%	30%	Chad	
69%	57%	Costa de Marfil	
68%	56%	Guinea	
76%	62%	Níger	
78%	65%	Pakistán	
84%	72%	Papúa Nueva Guinea	
77%	61%	Yemen	

niñas	niños		
100%	90%	Bangladés	**Terminan más niñas que niños**
86%	68%	Lesoto	
66%	55%	Ruanda	
100%	88%	Tuvalu	

Ingresos y abandono escolar

Porcentaje de niños del 20% más rico y el 20% más pobre
de la población que terminan primaria

ejemplos seleccionados, datos más recientes desde 2011

	ricos	pobres		ricos	pobres		ricos	pobres
Afganistán	69%	21%	Rep. Dominicana	98%	74%	Laos	97%	28%
Bangladés	89%	62%	Etiopía	73%	20%	Nepal	92%	68%
Bután	90%	43%	Guinea	72%	12%	Nigeria	96%	21%
Camboya	90%	48%	Honduras	98%	61%	Sudán del Sur	44%	7%
Camerún	91%	18%	Kenia	94%	58%	Tanzania	92%	51%

Después de secundaria

Porcentaje de mujeres entre los alumnos
de enseñanza superior

datos más recientes desde 2012

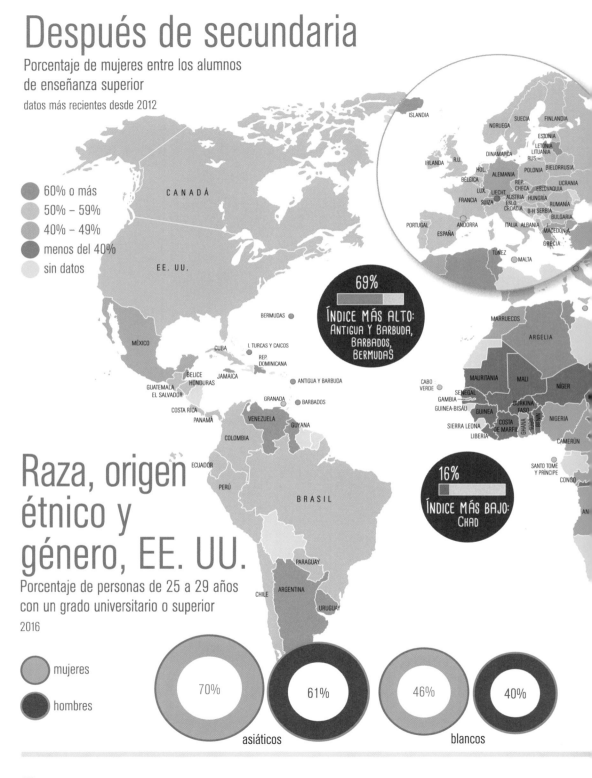

60% o más
50% – 59%
40% – 49%
menos del 40%
sin datos

69%
ÍNDICE MÁS ALTO:
ANTIGUA Y BARBUDA,
BARBADOS,
BERMUDAS

16%
ÍNDICE MÁS BAJO:
CHAD

Raza, origen étnico y género, EE. UU.

Porcentaje de personas de 25 a 29 años
con un grado universitario o superior

2016

mujeres

hombres

70%   61%   46%   40%

asiáticos   blancos

RUSIA

KAZAJISTÁN

MONGOLIA

UZBEKISTÁN
KIRGUISTÁN

GEORGIA
AZER.
ARMENIA
TAYIKISTÁN

TURQUÍA

AFGANISTÁN

COREA
DEL NORTE
JAPÓN

COREA
DEL SUR

CHINA

ISLAS MARSHALL

CHIPRE
SIRIA
LÍB.
ISRAEL
PALESTINA
JORDANIA

IRÁN

KUWAIT

PAKISTÁN

NEPAL

BUTÁN

BAREIN
CATAR
E.A.U.

EGIPTO

ARABIA
SAUDÍ

OMÁN

INDIA

BANGLADÉS

ISLAS
COOK

LAOS

SUDÁN

ERITREA
YEMEN

TAILANDIA

VIETNAM

FILIPINAS

YIBUTI

CAMBOYA

ETIOPÍA

SRI LANKA

MALDIVAS

BRUNÉI

MALASIA

UGANDA

SINGAPUR

R.D.
CONGO

RUANDA
BURUNDI

SEYCHELLES

INDONESIA

TANZANIA

COMORAS

ZAMBIA
MALAUI

TIMOR ORIENTAL

ZIMBABUE

MADAGASCAR

BOTSUANA

MAURICIO

MOZAMBIQUE

ÁFRICA
SUAZILANDIA

AUSTRALIA

LESOTO

NUEVA
ZELANDA

25%   20%

negros

22%   16%

hispanos

12%   8%

indios americanos / nativos de Alaska

151

Un avance gradual
Cuándo fueron admitidas las mujeres en programas de titulación universitaria en igualdad de condiciones que los hombres

Algunas universidades tenían asociadas facultades femeninas con anterioridad, pero la universidad matriz no otorgó titulación (ni la reconoció en algunos casos) hasta las fechas indicadas

ejemplos seleccionados

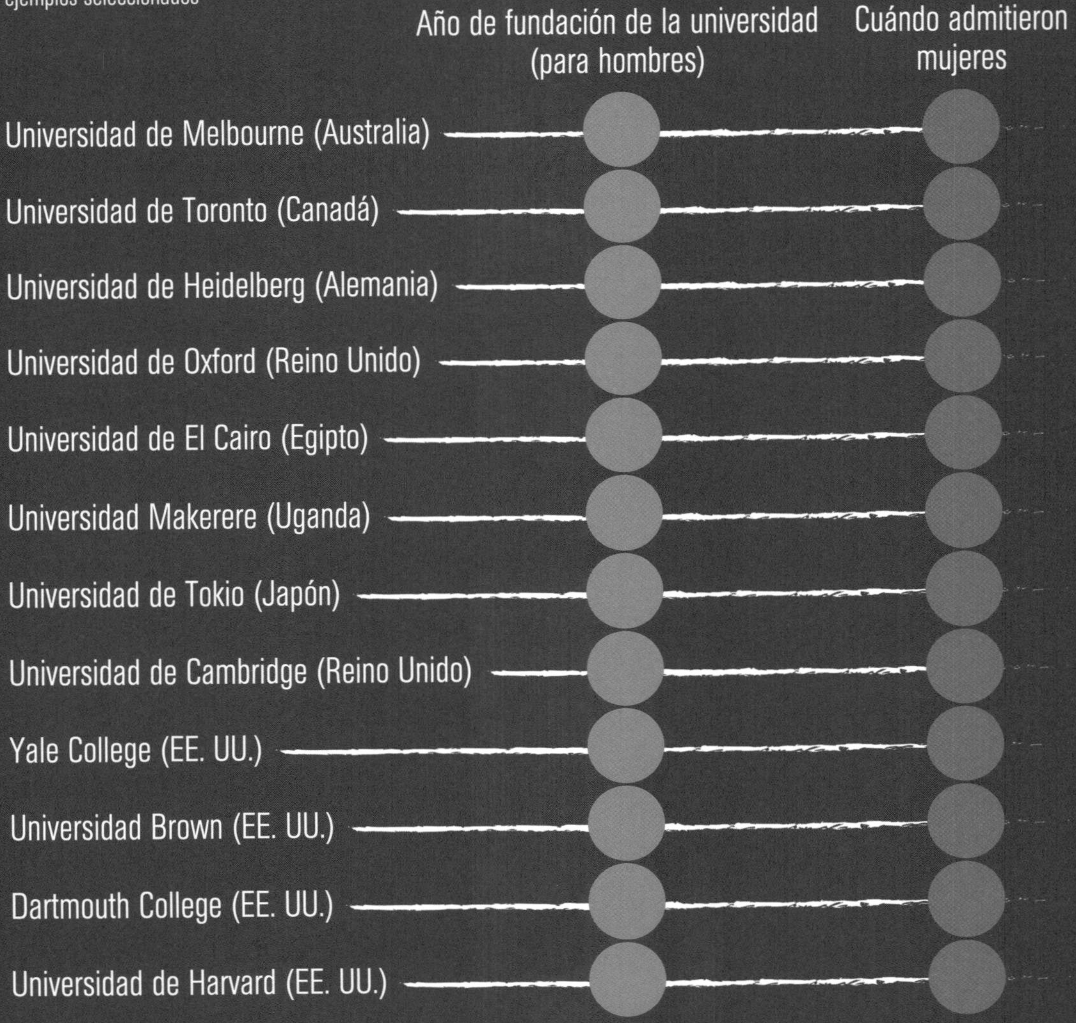

Año de fundación de la universidad (para hombres) · Cuándo admitieron mujeres

Universidad de Melbourne (Australia)

Universidad de Toronto (Canadá)

Universidad de Heidelberg (Alemania)

Universidad de Oxford (Reino Unido)

Universidad de El Cairo (Egipto)

Universidad Makerere (Uganda)

Universidad de Tokio (Japón)

Universidad de Cambridge (Reino Unido)

Yale College (EE. UU.)

Universidad Brown (EE. UU.)

Dartmouth College (EE. UU.)

Universidad de Harvard (EE. UU.)

Enseñanza superior

Hasta hace poco, la historia de la enseñanza superior es la de la exclusión femenina. En la mayoría de las universidades de élite pasaron siglos entre su fundación como clubes masculinos y el momento en que, con una fuerte oposición, admitieron mujeres.

Desde este comienzo tan poco halagüeño, uno de los cambios más notables en los patrones globales de la educación es la tendencia de la enseñanza superior a «feminizarse». En los años 90, en casi todo el mundo, asistían más hombres que mujeres a una enseñanza posterior a la secundaria.

A comienzos del siglo XXI ya había cambiado el signo de la disparidad de sexos en la enseñanza superior en casi todo el mundo: ahora participan más mujeres que hombres, en algunos países con un margen considerable. Aunque esta tendencia es casi mundial, aún no es el caso en muchos países del África Subsahariana y el sur de Asia.

Se ofrecen diversas explicaciones para esta tendencia: por regla general, los hombres obtienen peores resultados en los exámenes y otras medidas del rendimiento en la enseñanza secundaria, lo cual puede desanimarlos a ingresar en la superior; como tienen más oportunidades económicas que sus compañeras, los hombres pueden ver ventajas en incorporarse al mercado laboral sin el retraso de una enseñanza superior que, cuanto más se asocia con la mujer, menos atractiva resulta para el hombre.

El cambio a la ventaja femenina en las inscripciones en enseñanza superior surgió al tiempo que empezaron a extenderse las oportunidades de acceso a los estudios superiores.

#AHÍ LO DEJO

En la mayoría de los países, la enseñanza superior sigue estando reservada a la élite.

520 millones de mujeres no saben leer esto

Índices de analfabetismo del 50% o más en mujeres de 15 años o más

datos más recientes, 2013-2015

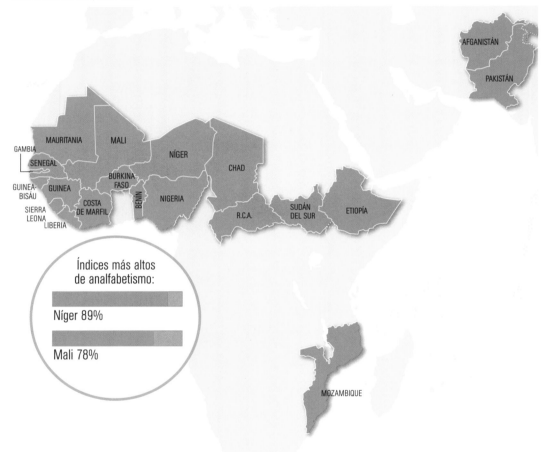

AFGANISTÁN

PAKISTÁN

MAURITANIA · MALI

GAMBIA

SENEGAL

NÍGER

CHAD

GUINEA-BISÁU · GUINEA

BURKINA FASO

BENIN

NIGERIA

COSTA DE MARFIL

SIERRA LEONA

LIBERIA

R.C.A.

SUDÁN DEL SUR

ETIOPÍA

Índices más altos de analfabetismo:

Níger 89%

Mali 78%

MOZAMBIQUE

El aumento de la alfabetización ha cambiado el mapa en los últimos 20 años. Aun así, **hay 780 millones de adultos analfabetos en el mundo. Unos dos tercios son mujeres**, una proporción que no ha cambiado desde hace décadas. En 2015, 20 países publicaban un índice de analfabetismo del 50% o más en mujeres; en hombres, 8 países.

El analfabetismo suele depender de la pobreza y la falta de oportunidades educativas, pero las cifras más altas en mujeres sugieren una discriminación sexual arraigada. Entre los factores de género que influyen están la sobrecarga de horas de la mujer, en especial en zonas rurales (véase la p. 134), que se limite a mujeres y niñas al ámbito del hogar y la resistencia de los hombres, que temen perder su poder en el hogar si la mujer se alfabetiza.

La alfabetización mejora el bienestar económico de la mujer, acaba con su dependencia del hombre e incrementa su capacidad para controlar o entender sus bienes, su salud y sus derechos legales. La buena noticia es que el analfabetismo lleva tres décadas en constante descenso, en gran medida por los esfuerzos por aumentar las oportunidades educativas básicas de las niñas.

Pinta bien

Porcentaje de mujeres adultas alfabetizadas

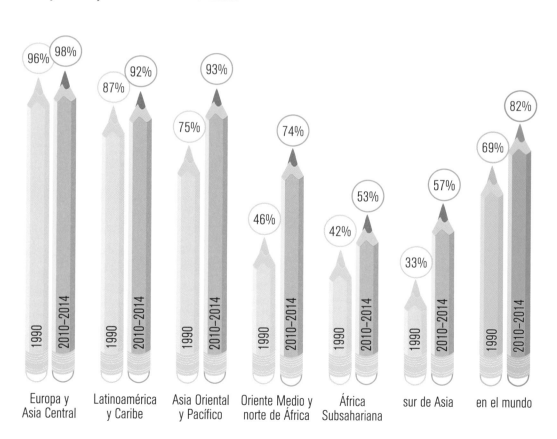

96% | 98% | 87% | 92% | 75% | 93% | 46% | 74% | 42% | 53% | 33% | 57% | 69% | 82%

1990 / 2010–2014 — Europa y Asia Central
1990 / 2010–2014 — Latinoamérica y Caribe
1990 / 2010–2014 — Asia Oriental y Pacífico
1990 / 2010–2014 — Oriente Medio y norte de África
1990 / 2010–2014 — África Subsahariana
1990 / 2010–2014 — sur de Asia
1990 / 2010–2014 — en el mundo

Grandes saltos adelante

Porcentaje de mujeres adultas alfabetizadas

ejemplos seleccionados

⭐ 1988–1991   ⭐ 2010–2015

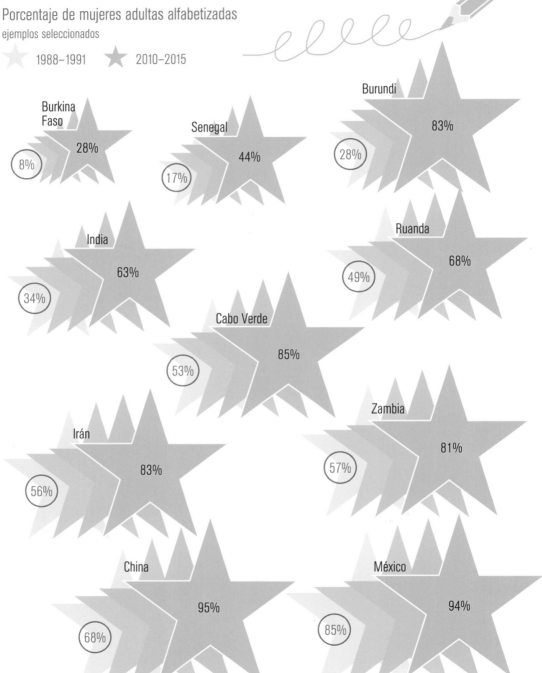

Burkina Faso
28%
8%

Senegal
44%
17%

Burundi
83%
28%

India
63%
34%

Ruanda
68%
49%

Cabo Verde
85%
53%

Irán
83%
56%

Zambia
81%
57%

China
95%
68%

México
94%
85%

Analfabetismo funcional

Analfabetismo en EE. UU.

Porcentaje de adultos de 16 a 65 años
con niveles muy bajos de alfabetización

2014

EE. UU., COMO
TANTOS PAÍSES RICOS,
COMUNICA OFICIALMENTE A
LAS AGENCIAS INTERNACIONALES
DE RECOGIDA DE DATOS UN
NIVEL DE ANALFABETISMO
CERCANO A CERO.

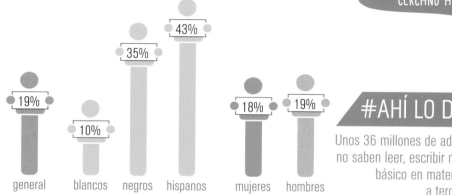

- general 19%
- blancos 10%
- negros 35%
- hispanos 43%
- mujeres 18%
- hombres 19%

#AHÍ LO DEJO

Unos 36 millones de adultos en EE. UU.
no saben leer, escribir ni tienen un nivel
básico en matemáticas superior
a tercero de primaria.

Analfabetismo en el mundo

Porcentaje de hombres y mujeres con bajo nivel de alfabetización

países de la OCDE seleccionados, 2014

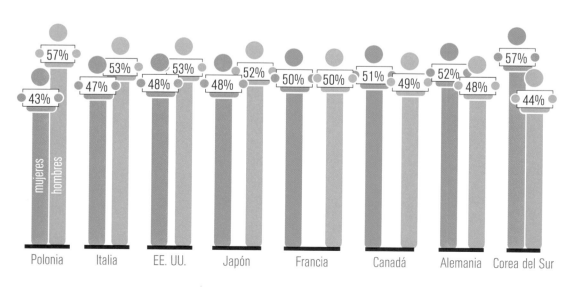

mujeres / hombres

- Polonia: 57% / 43%
- Italia: 47% / 53%
- EE. UU.: 48% / 53%
- Japón: 48% / 52%
- Francia: 50% / 50%
- Canadá: 51% / 49%
- Alemania: 52% / 48%
- Corea del Sur: 57% / 44%

Cuando las computadoras eran mujeres

A finales de los años 50, la estadounidense **Grace Hopper**, de los primeros programadores de la computación moderna, lideró el equipo que inventó el **COBOL**. Su idea de que tenía que ser fácil entender los lenguajes de programación influyó en el desarrollo de la arquitectura de programación «if/then» en lugar de unos y ceros. En 1969, recibió el premio **«Hombre del Año»** concedido por la DPMA.

La austriaca **Hedy Lamarr**, conocida como actriz, fue también inventora. En la década de 1940, para contribuir al esfuerzo aliado en la guerra, inventó el sistema de salto de frecuencias, precursor de tecnologías inalámbricas contemporáneas como el Bluetooth, el GPS y la telefonía móvil.

Las 6 del ENIAC: en 1946, 6 mujeres programaron el primer ordenador completamente electrónico y programable, el ENIAC, en un proyecto secreto del ejército americano en Filadelfia. Aprendieron a programar sin lenguajes ni herramientas de programación (no existían), solo con diagramas lógicos. Nadie las mencionó cuando se presentó la ENIAC ante la prensa en 1946.

Talentos ocultos:

Desde la Segunda Guerra Mundial, las mujeres matemáticas, muchas afroamericanas, fueron los **«talentos ocultos»** que calculaban las trayectorias de vuelo y desarrollaban los algoritmos críticos del programa espacial de la NASA. Fueron de los primeros programadores y gestores de FORTRAN cuando el programa espacial adoptó las máquinas de computación.

Se suele considerar a la matemática **Ada Lovelace** (1815-1852) como el primer programador de computadoras del mundo al haber desarrollado los algoritmos e instrucciones para la máquina de computación de Charles Babbage, que nunca se construyó.

Un mundo de chicos

Porcentaje de titulaciones superiores en Ciencias de la Computación obtenidas por mujeres, EE. UU.

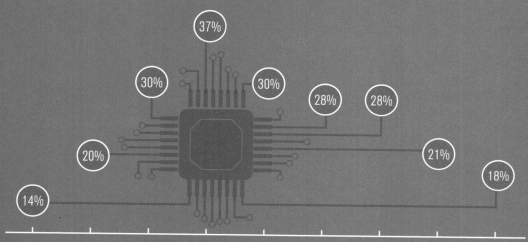

| 1970-1971 | 1975-1976 | 1979-1980 | 1985-1986 | 1989-1990 | 1995-1996 | 1999-2000 | 2005-2006 | 2009-2010 |

14% 20% 30% 37% 30% 28% 28% 21% 18%

En EE. UU., los hombres dominan la ciencia de la computación moderna, pero no siempre fue así. Además de ser las pioneras de la computación, el número de mujeres que estudiaban Ciencias de la Computación creció más rápido que el de hombres durante décadas. Pero eso cambió en 1984. El porcentaje de mujeres comenzó a caer cuando los ordenadores personales empezaron a aparecer en los hogares americanos de forma significativa. Aquellos primeros PC no eran sino juguetes, comercializados casi por completo para hombres y niños. Los ordenadores entraron en la categoría de «juguetes de chicos». El acceso y la familiaridad con estas máquinas dio a los chicos una ventaja en las clases de programación básica.

PERO...

NO EN LA INDIA, DONDE LAS MUJERES FUERON EL 42% DE LOS ESTUDIANTES DE CIENCIAS DE LA COMPUTACIÓN E INGENIERÍA INFORMÁTICA EN 2011.

Porcentaje de hogares con un ordenador

2017

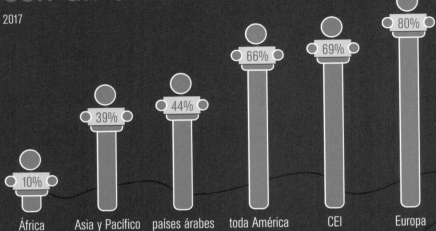

- África 10%
- Asia y Pacífico 39%
- países árabes 44%
- toda América 66%
- CEI 69%
- Europa 80%

Porcentaje de hogares estadounidenses con un ordenador de sobremesa o portátil

datos más recientes desde 2015

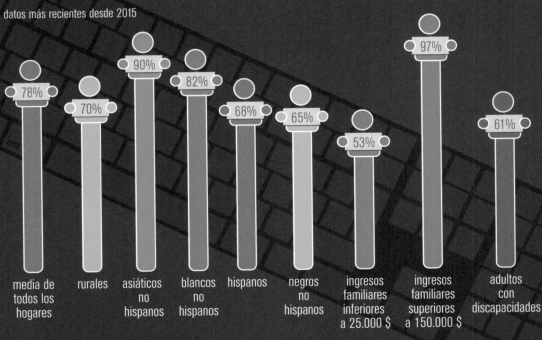

- media de todos los hogares 78%
- rurales 70%
- asiáticos no hispanos 90%
- blancos no hispanos 82%
- hispanos 68%
- negros no hispanos 65%
- ingresos familiares inferiores a 25.000 $ 53%
- ingresos familiares superiores a 150.000 $ 97%
- adultos con discapacidades 61%

Brecha de género por países

Porcentaje que usa internet, datos más recientes desde 2015

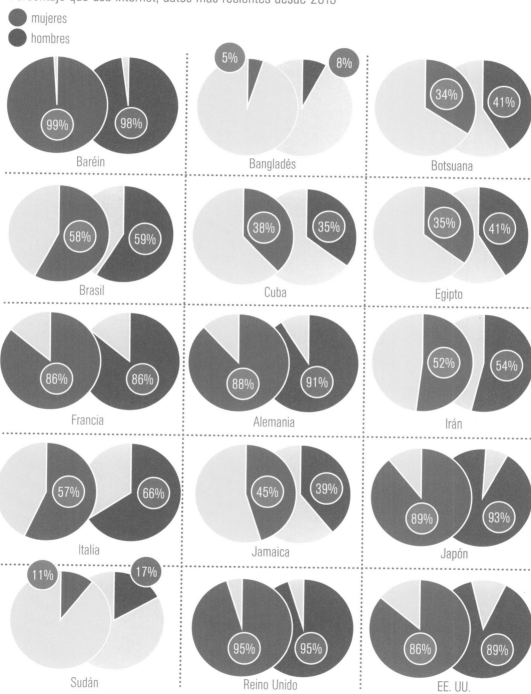

● mujeres
● hombres

Baréin — 99% / 98%

Bangladés — 5% / 8%

Botsuana — 34% / 41%

Brasil — 58% / 59%

Cuba — 38% / 35%

Egipto — 35% / 41%

Francia — 86% / 86%

Alemania — 88% / 91%

Irán — 52% / 54%

Italia — 57% / 66%

Jamaica — 45% / 39%

Japón — 89% / 93%

Sudán — 11% / 17%

Reino Unido — 95% / 95%

EE. UU. — 86% / 89%

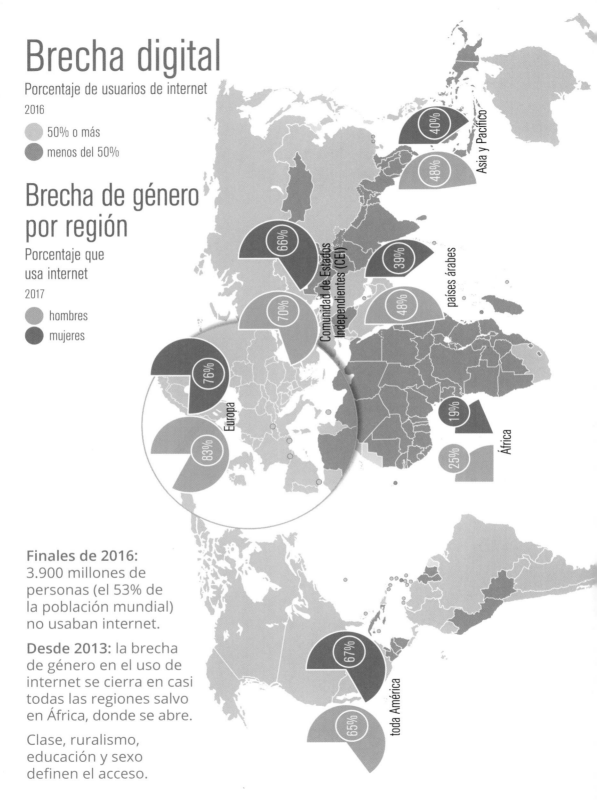

Brecha digital

Porcentaje de usuarios de internet

2016

- 50% o más
- menos del 50%

Brecha de género por región

Porcentaje que usa internet

2017

- hombres
- mujeres

Finales de 2016:
3.900 millones de personas (el 53% de la población mundial) no usaban internet.

Desde 2013: la brecha de género en el uso de internet se cierra en casi todas las regiones salvo en África, donde se abre.

Clase, ruralismo, educación y sexo definen el acceso.

Asia y Pacífico
40%
48%

países árabes
39%
48%

Comunidad de Estados Independientes (CEI)
66%
70%

Europa
76%
83%

África
19%
25%

toda América
67%
65%

Al día
con las noticias

Adultos que usaron
internet el año anterior para
recibir noticias de política
2014

mujeres ●
hombres ●

Brasil
China
Colombia
El Salvador
Indonesia
Malasia
Nigeria
Perú
Polonia
Ucrania
Venezuela
Vietnam

0   20   40   60   80   100

Al día
con la salud

Más mujeres que hombres
usan internet para informarse
sobre salud
2013–2015

mujeres ●
hombres ●

Bangladés
Brasil
Colombia
Francia
Alemania
Japón
Corea
del Sur
Marruecos
Polonia
Catar
Ucrania
R.U.

0   20   40   60   80   100

La mujer y las redes sociales

El activismo digital apoya y cataliza la acción social. Las redes sociales facilitan la solidaridad feminista más allá de comunidades y nacionalidades y ayudan a los movimientos a salir del ámbito local. Las mujeres suelen ser unos usuarios más activos de las redes sociales que los hombres, en casi todo el mundo.

MÉXICO

En 2016, miles de mujeres se congregaron en Ciudad de México y en todo el país para protestar contra la ola de feminicidios y acoso sexual. Fue la culminación de semanas de activismo en redes sociales con varios *hashtags* que surgieron para visibilizar el acoso y las agresiones sexuales. #NoEsNo #primaveravioleta

POLONIA

En octubre de 2016, las mujeres polacas convocaron una huelga y se manifestaron en contra de una ley que habría ilegalizado el aborto casi por completo. El «lunes negro» sacó a miles de mujeres a la calle en toda Polonia y otras marchas que se solidarizaron en Europa. #czarnyprotest #BlackMonday

HAWÁI

Las manifestaciones de millones de mujeres en las calles en enero de 2017 se iniciaron con un post en Facebook. La noche en que Donald Trump ganó supuestamente las elecciones presidenciales de noviembre de 2016, la hawaiana Teresa Shook publicó en Facebook una convocatoria por los derechos de la mujer. Horas después, estaba en marcha. #womensmarch

BRASIL

En octubre de 2015, más de 50.000 mujeres negras de todo Brasil llegaron a la capital para manifestarse contra el racismo, el sexismo y el genocidio. #MarchaDasMulheresNegras

EGIPTO, JORDANIA, NEPAL

HarassMap es una plataforma colaborativa de internet en Egipto para informar y situar en el mapa el acoso sexual y las correspondientes actuaciones; en Jordania es 7arkashat; en Nepal, FightVAWG.

#Acoso digital

... pero internet puede ser un sitio peligroso. Las herramientas y plataformas digitales pueden ofrecer nuevas vías de acoso, *bullying*, amenazas, hostigamiento, trata, racismo, homofobia y misoginia tóxica. Los ataques de trols contra mujeres son feroces e implacables.

Actitud hacia el acoso digital

EE. UU., 2017

mujeres — 70%
hombres — 54%

El acoso digital es un «problema serio»

> El 21% de las mujeres de 18 a 29 años dice haber sufrido acoso sexual digital; el 53% ha recibido imágenes explícitas que no ha pedido.

mujeres — 49%
hombres — 64%

Nos tomamos demasiado en serio el contenido ofensivo de internet

mujeres — 50%
hombres — 35%

Con demasiada frecuencia decimos que el contenido ofensivo de internet no es para tanto

mujeres — 36%
hombres — 56%

Es más importante que la gente se pueda expresar con libertad en internet

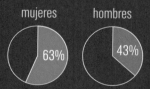

mujeres — 63%
hombres — 43%

Es más importante que la gente se sienta cómoda y segura en internet

#AHÍ LO DEJO

2016: el 74% de los altos cargos de Twitter y el 73% de Facebook eran hombres.

2017: el 75% de los altos cargos de Google eran hombres.

El mito del mundo conectado

Regiones de ingresos medios y bajos

2015

- ● porcentaje de mujeres que no tienen móvil
- ● brecha de género: porcentaje de menor probabilidad de una mujer de tener móvil que un hombre

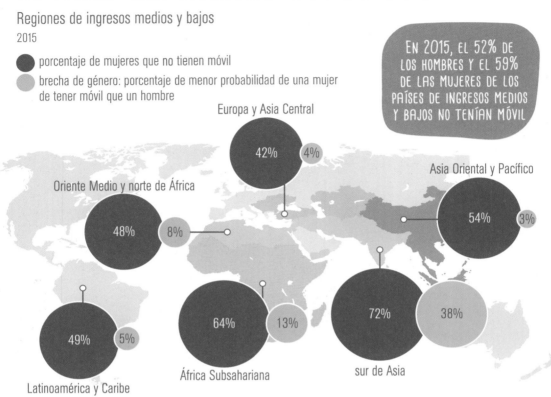

Europa y Asia Central
42% 4%

Asia Oriental y Pacífico
54% 3%

Oriente Medio y norte de África
48% 8%

África Subsahariana
64% 13%

sur de Asia
72% 38%

Latinoamérica y Caribe
49% 5%

Para algunas mujeres, la brecha es aún mayor

Brecha entre hombres y mujeres en el acceso a un móvil por riqueza y formación

2015

	INDIA	JORDANIA	R.D. CONGO
Hogares más acomodados	32%	19%	20%
Hogares más pobres	41%	23%	43%
Educación más baja	51%	7%	0%
Educación más elevada	24%	24%	32%

Cerrar la brecha
Latinoamérica y el Caribe

Porcentaje que usa teléfono móvil

2016

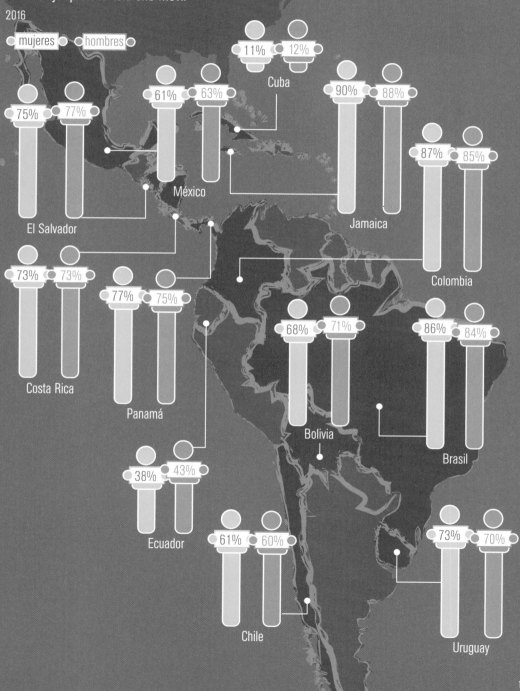

mujeres — hombres

Cuba 11% 12%

El Salvador 75% 77%

México 61% 63%

Jamaica 90% 88%

Colombia 87% 85%

Costa Rica 73% 73%

Panamá 77% 75%

Bolivia 68% 71%

Brasil 86% 84%

Ecuador 38% 43%

Chile 61% 60%

Uruguay 73% 70%

No me lo puedo permitir

Porcentaje que afirma que el coste del terminal es una barrera para tener y usar móvil, 2015

 76% Jordania
66% Colombia
 66% México
57% Níger
50% India
50% Kenia
44% R.D. Congo
 40% Indonesia

Acoso en versión para móvil

Porcentaje de mujeres que afirman que el miedo al acoso de desconocidos es un impedimento para tener o usar móvil, 2015

 76% México
 74% Colombia
 58% Jordania
 33% India
 28% Indonesia
 22% Kenia
 21% Níger
 18% R.D. Congo

Autonomía móvil

Porcentaje de mujeres que afirman que tener móvil hace que se sientan más autónomas e independientes, 2015

 89% Jordania
 80% Indonesia
 78% Kenia
 78% Colombia
 74% India
 74% México
 71% R.D. Congo
 69% Níger

Desaprobación familiar

Porcentaje de mujeres que afirman que a sus familias no les gusta o gustaría que ellas usaran móvil, 2015

> EN LA INDIA HAY 114 MILLONES MÁS DE HOMBRES QUE DE MUJERES QUE TIENEN MÓVIL, LO QUE AMPLÍA LA GRAVE DESIGUALDAD DE GÉNERO. VARIOS AYUNTAMIENTOS DE PUEBLOS DE GUYARAT Y UTTAR PRADESH HAN PROHIBIDO A LAS MUJERES SOLTERAS USAR MÓVILES.

 31% México
 28% Colombia
 21% Jordania
 16% India
 15% R.D. Congo
 15% Indonesia
 11% Níger
 8% Kenia

“Los móviles son muy peligrosos para las mujeres. Las chicas son más susceptibles de provocar su propia vergüenza.”

Anciano de una aldea de Guyarat, India, 2016

Propiedad y pobreza

La desigualdad económica global se entremezcla con la desigualdad de género.

En la mayoría de los países del mundo, la mujer o bien no tiene los mismos derechos legales para ser propietaria o bien sus derechos se ven sometidos a costumbres que mantienen los bienes tangibles fuera de su alcance. La globalización tiende a agravar esta desventaja cuando la economía basada en el dinero desplaza el acceso a tierras comunales y dedicadas a los hogares.

El Foro Económico Mundial calcula que, a este ritmo, la brecha de género en las oportunidades y la participación económica no se cerrará en otros 217 años. Esto no solo refleja la situación laboral de la mujer. Uno de los motores de la brecha de género en la desventaja económica es el limitado control de esta sobre bienes, propiedades y reservas financieras.

La desigualdad económica define esta década. En 2017, el 10% de los adultos más ricos del mundo poseía el 88% de los bienes mundiales. El 1% más rico poseía la mitad de los bienes globales. De los 1.810 multimillonarios de la lista Forbes de 2016, el 89% son hombres.

Estos millonarios juntos poseen tanta riqueza como 70% más pobre de la humanidad. El hecho de que sean hombres no es casual ni intrascendente.

Propiedad de la tierra

Derecho de la mujer a poseer, utilizar y controlar tierras

Según se define en 116 países en vías de desarrollo, 2014

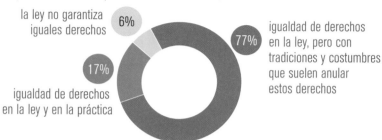

la ley no garantiza iguales derechos — 6%

17% — igualdad de derechos en la ley y en la práctica

77% — igualdad de derechos en la ley, pero con tradiciones y costumbres que suelen anular estos derechos

Titularidad de las tierras de «propiedad familiar» en África

datos más recientes desde 2010

- propiedad solo masculina
- propiedad solo femenina
- propiedad conjunta

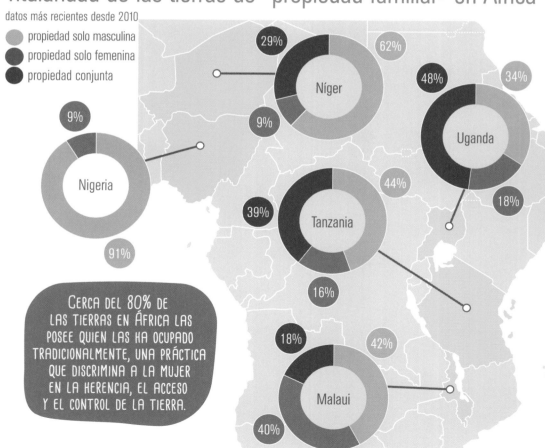

Níger — 29% · 9% · 62%

Uganda — 48% · 34% · 18%

Nigeria — 9% · 91%

Tanzania — 39% · 44% · 16%

Malaui — 18% · 42% · 40%

CERCA DEL 80% DE LAS TIERRAS EN ÁFRICA LAS POSEE QUIEN LAS HA OCUPADO TRADICIONALMENTE, UNA PRÁCTICA QUE DISCRIMINA A LA MUJER EN LA HERENCIA, EL ACCESO Y EL CONTROL DE LA TIERRA.

Proporción de mujeres propietarias de terrenos agrícolas

En los países ricos, datos más recientes desde 2010

- Italia 31%
- Canadá 27%
- Francia 23%
- EE. UU. 14%
- R.U. 13%
- Irlanda 12%
- Finlandia 11%
- Dinamarca 9%
- Alemania 8%
- Hol. 6%

Propiedad de la casa en EE. UU.

media en EE. UU.: 64%

2017

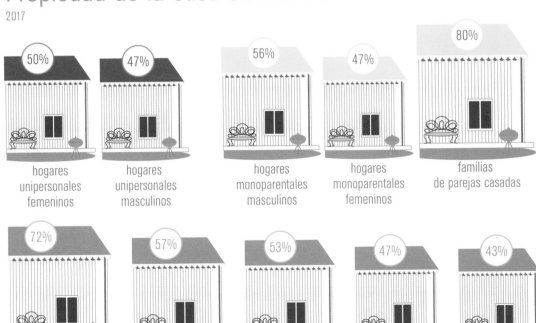

- 50% hogares unipersonales femeninos
- 47% hogares unipersonales masculinos
- 56% hogares monoparentales masculinos
- 47% hogares monoparentales femeninos
- 80% familias de parejas casadas

- 72% blancos no hispanos
- 57% asiáticos/hawaianos/ de las islas del Pacífico
- 53% indios americanos/ nativos de Alaska
- 47% hispanos
- 43% negros, no hispanos

Herencia

En más de 35 países, la legislación no otorga a la mujer los mismos derechos hereditarios que a los hombres al morir el cónyuge, ni las niñas tienen los mismos derechos que los niños cuando mueren sus padres. En otra docena de países, la tradición y la costumbre presionan a mujeres y niñas para que cedan su herencia a un pariente hombre.

Distintos derechos
en 2016

mujeres y niñas no tienen los mismos derechos hereditarios que los hombres y los niños

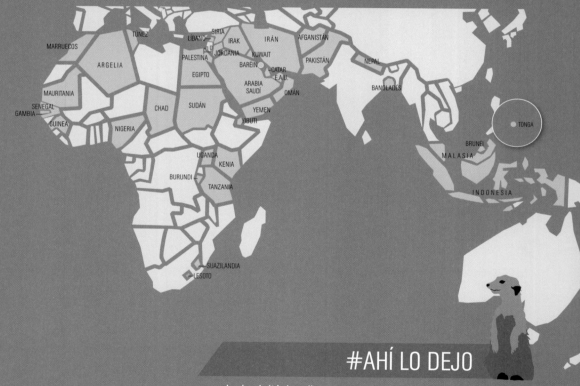

TÚNEZ · SIRIA · LÍBANO · MARRUECOS · IRAK · IRÁN · AFGANISTÁN · PALESTINA · JORDANIA · KUWAIT · ARGELIA · BAREÍN · PAKISTÁN · NEPAL · EGIPTO · CATAR E.A.U. · ARABIA SAUDÍ · OMÁN · BANGLADÉS · MAURITANIA · SENEGAL · GAMBIA · CHAD · SUDÁN · YEMEN · GUINEA · YIBUTI · NIGERIA · TONGA · UGANDA · KENIA · BRUNEI · MALASIA · BURUNDI · TANZANIA · INDONESIA · SUAZILANDIA · LESOTO

#AHÍ LO DEJO

La ley británica dicta que, en la mayoría de las circunstancias, los títulos hereditarios y las propiedades que conllevan pasen solo a herederos hombres, incluso lejanos, aunque haya hijas que deberían ir antes por edad o situación familiar. Aunque una hija no puede heredar el título, el padre sí puede dejarle su justa parte de los bienes y propiedades si así lo desea. Hasta ahora, la mayoría no lo ha hecho.

Sin ahorros

Porcentaje de mujeres para quienes sería imposible
conseguir dinero para emergencias si lo necesitaran
2014

- 25% – 35%
- 36% – 50%
- 50% o más

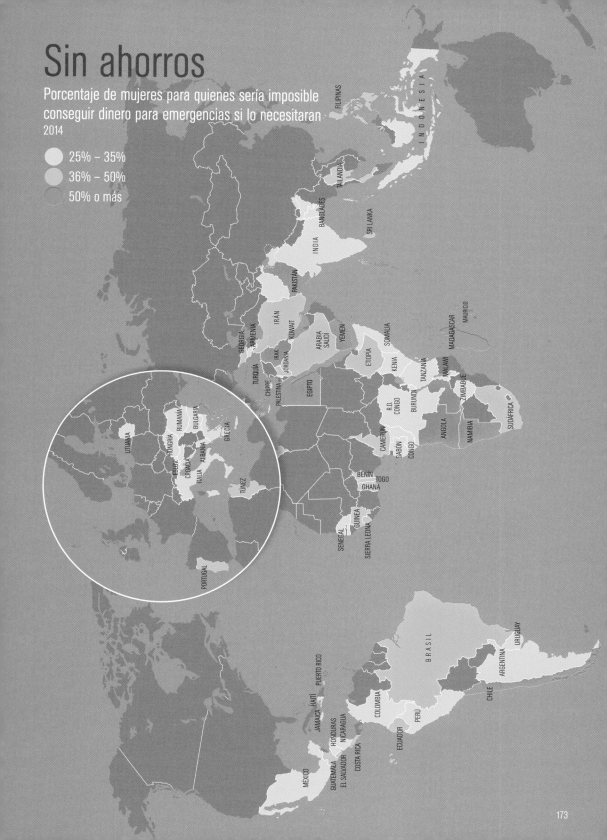

FILIPINAS

INDONESIA

TAILANDIA

BANGLADÉS

SRI LANKA

INDIA

PAKISTÁN

GEORGIA
ARMENIA
IRÁN
KUWAIT
ARABIA SAUDÍ
YEMEN
MADAGASCAR
MAURICIO

TURQUÍA
IRAK
JORDANIA
ETIOPÍA
SOMALIA
CHIPRE
PALESTINA
EGIPTO
KENIA
TANZANIA
MALAWI
ZIMBABUE

R.D. CONGO
BURUNDI
SUDÁFRICA

CAMERÚN
ANGOLA
NAMIBIA
GABÓN
CONGO

BENÍN
TOGO
GHANA

SENEGAL
GUINEA
SIERRA LEONA

LITUANIA
RUMANÍA
ESLOV.
HONGRÍA
BULGARIA
CROACIA
ALBANIA
GRECIA
ITALIA
TÚNEZ

PORTUGAL

MÉXICO
PUERTO RICO
JAMAICA
HAITÍ
HONDURAS
NICARAGUA
GUATEMALA
EL SALVADOR
COSTA RICA
ECUADOR
COLOMBIA
PERÚ
BRASIL
URUGUAY
ARGENTINA
CHILE

Vivir al límite

Porcentaje de hogares que viven en la pobreza multidimensional,
un índice combinado de privaciones monetarias y no monetarias

Países en desarrollo, datos más recientes desde 2011

- 50% o más
- 30% – 49%
- 10% – 29%
- menos del 10%
- sin datos

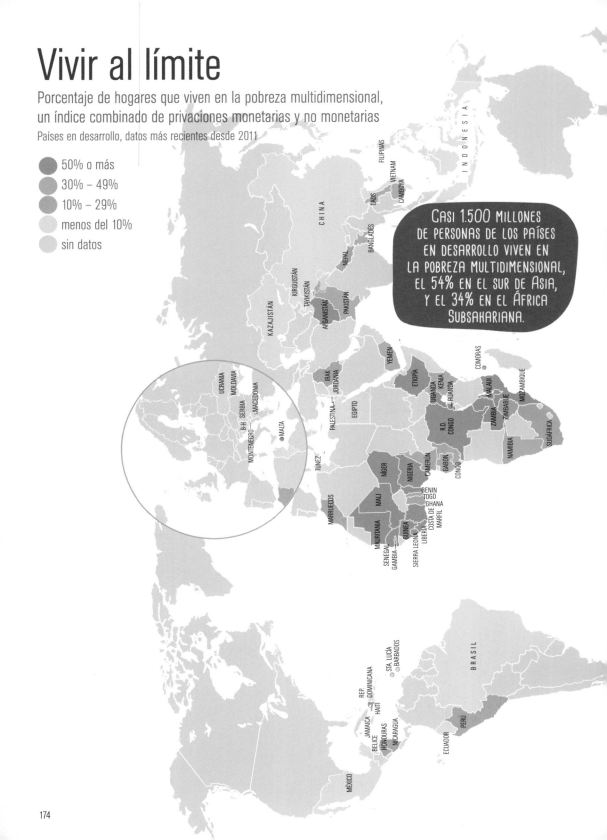

CASI 1.500 MILLONES
DE PERSONAS DE LOS PAÍSES
EN DESARROLLO VIVEN EN
LA POBREZA MULTIDIMENSIONAL,
EL 54% EN EL SUR DE ASIA,
Y EL 34% EN EL ÁFRICA
SUBSAHARIANA.

INDONESIA

FILIPINAS
VIETNAM
CAMBOYA
LAOS
CHINA
BANGLADÉS
NEPAL
KIRGUISTÁN
TAYIKISTÁN
KAZAJISTÁN
AFGANISTÁN
PAKISTÁN

YEMEN
IRAK
JORDANIA
EGIPTO
PALESTINA
COMORAS
ETIOPÍA
UGANDA KENIA
RUANDA
MALAUI
MOZAMBIQUE
R.D. CONGO
ZAMBIA ZIMBABUE
SUDÁFRICA
NAMIBIA

UCRANIA
MOLDAVIA
SERBIA
MACEDONIA
B-H
MONTENEGRO
MALTA
TÚNEZ
MARRUECOS
NÍGER
NIGERIA
CAMERÚN
GABÓN
CONGO
MALI
BENIN
TOGO
GHANA
COSTA DE MARFIL
LIBERIA
MAURITANIA
GUINEA
SIERRA LEONA
SENEGAL
GAMBIA

STA. LUCÍA
BARBADOS
REP. DOMINICANA
HAITÍ
JAMAICA
BELICE
HONDURAS
NICARAGUA
ECUADOR
PERÚ
BRASIL

MÉXICO

Pobreza extrema

2016

● más del 50% de la población vive con menos de 1,9 dólares al día
(en términos de paridad del poder adquisitivo)

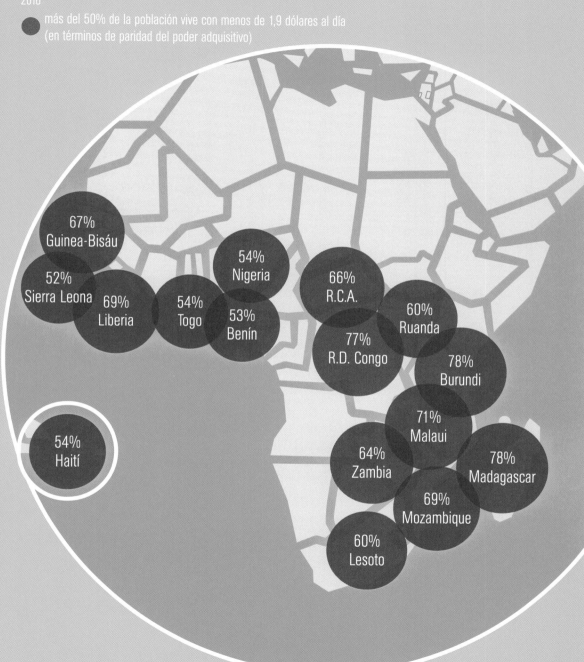

67%
Guinea-Bisáu

52%
Sierra Leona

69%
Liberia

54%
Togo

53%
Benín

54%
Nigeria

66%
R.C.A.

60%
Ruanda

77%
R.D. Congo

78%
Burundi

71%
Malaui

64%
Zambia

78%
Madagascar

69%
Mozambique

60%
Lesoto

54%
Haití

Riesgo de pobreza en Europa

Porcentaje de hombres y mujeres en riesgo de pobreza

datos más recientes desde 2015

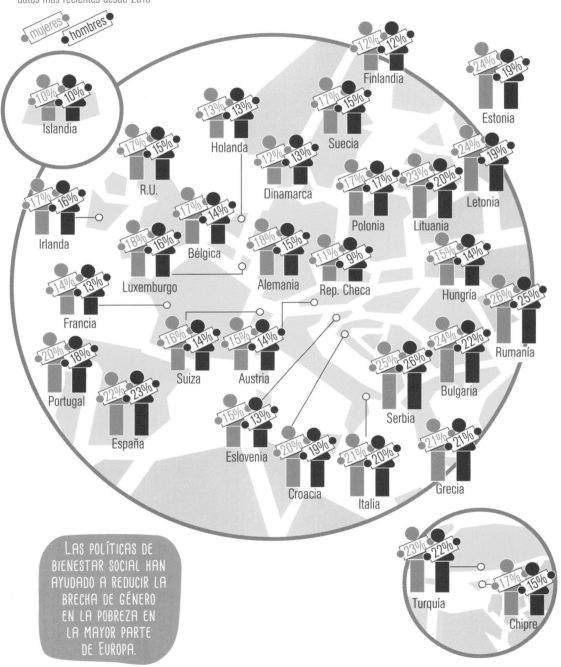

LAS POLÍTICAS DE BIENESTAR SOCIAL HAN AYUDADO A REDUCIR LA BRECHA DE GÉNERO EN LA POBREZA EN LA MAYOR PARTE DE EUROPA.

Sin un céntimo en Latinoamérica

Porcentaje de hombres y mujeres de 15 años
o más sin ingresos propios

medias combinadas, 17 países latinoamericanos
2013

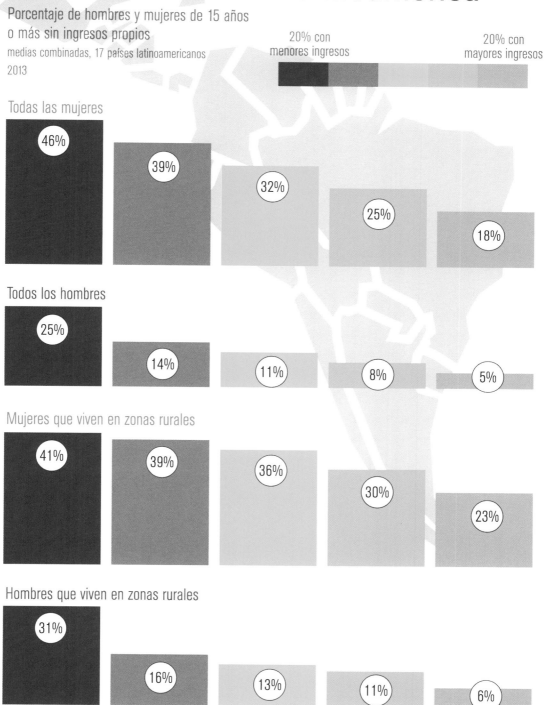

20% con
menores ingresos

20% con
mayores ingresos

Todas las mujeres

46% 39% 32% 25% 18%

Todos los hombres

25% 14% 11% 8% 5%

Mujeres que viven en zonas rurales

41% 39% 36% 30% 23%

Hombres que viven en zonas rurales

31% 16% 13% 11% 6%

Perfil de la pobreza, EE. UU.

Índices oficiales de pobreza para distintas poblaciones

2016

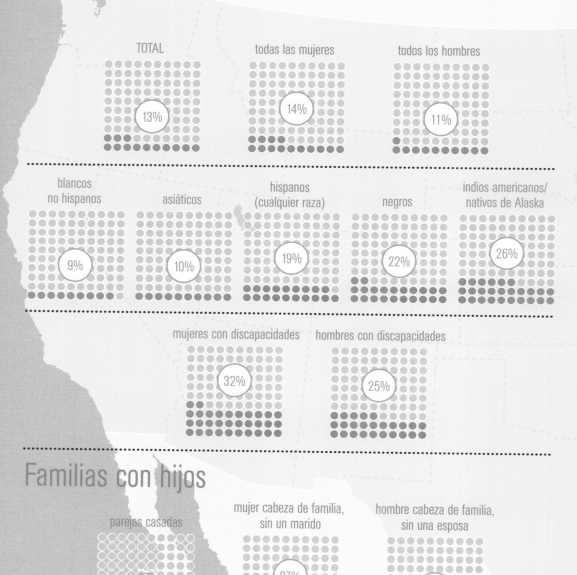

TOTAL
13%

todas las mujeres
14%

todos los hombres
11%

blancos no hispanos
9%

asiáticos
10%

hispanos (cualquier raza)
19%

negros
22%

indios americanos/ nativos de Alaska
26%

mujeres con discapacidades
32%

hombres con discapacidades
25%

Familias con hijos

parejas casadas
5%

mujer cabeza de familia, sin un marido
27%

hombre cabeza de familia, sin una esposa
13%

Perfil de riqueza, EE. UU.

La brecha de la riqueza racial

Valor medio del hogar en dólares

2013

(valor de todos los activos, excepto deudas, incluidas propiedades inmobiliarias, coches, cuentas bancarias, planes de pensiones)

EL 9% DE LOS HOGARES DE RAZA BLANCA TIENE UN VALOR NETO DE CERO O MENOS; EN LOS DE RAZA NEGRA, ES EL 27%.

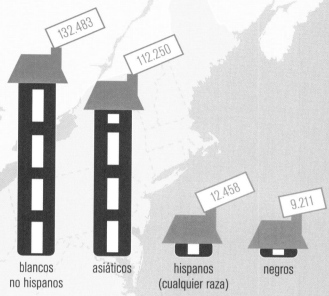

132.483

112.250

12.458

9.211

blancos no hispanos

asiáticos

hispanos (cualquier raza)

negros

La brecha de género, raza y riqueza

Riqueza media de hombres y mujeres solteros de 18 a 64 años, en dólares

2016

● mujeres ●

● hombres ●

200

300

100

950

15.640

28.900

negros

hispanos

blancos no hispanos

Mundo rico / mundo pobre

Los hombres en lo más alto

La riqueza se concentra cada vez en menos manos, sobre todo masculinas. El Fondo Monetario Internacional advierte que la desigualdad mina la estabilidad y la sostenibilidad económica y social. En 2017, el Foro Económico Mundial identificó la creciente disparidad en ingresos y riqueza como el mayor riesgo para la estabilidad global.

En 2017, 42 personas poseían la misma riqueza que la MITAD más pobre de la población mundial, 3.700 millones de personas. En 2016 eran 61 personas; en 2009, 380.

En 2017 creció la riqueza de los 2.043 millonarios del mundo (un 90% hombres) en 762.000 millones de dólares. Al tiempo, las mujeres aportaban 10 billones en cuidados no remunerados para sostener la economía global.

INDONESIA: las 4 personas más ricas (son hombres) son más ricas que los 100 millones más pobres juntos.

EE. UU.: las 3 personas más ricas (son hombres) poseen la misma riqueza que la mitad más pobre de la población del país, unos 160 millones de personas.

Las 10 personas más ricas del mundo

2017

- Bill Gates
- Warren Buffet
- Jeff Bezos
- Armancio Ortega
- Mark Zuckerberg
- Carlos Slim Helu
- Larry Ellison
- Charles Koch
- David Koch
- Michael Bloomberg

¿Acaso llueve igual para todos?

El «desarrollo inclusivo» indica en qué medida los miembros de una sociedad se benefician del crecimiento económico y de un mejor nivel de vida.

Economías avanzadas, 2018

Las 10 más inclusivas:
Noruega, Islandia, Luxemburgo, Suiza, Dinamarca, Suecia, Holanda, Irlanda, Australia, Austria

Las 10 menos inclusiva:
Grecia, Portugal, Italia, España, Japón, EE. UU., Estonia, Reino Unido, Eslovaquia

Los 10 ejecutivos mejor pagados

R.U., 2015

▪▪▪▪▪▪▪▪ Sir Martin Sorrell

▪▪▪▪▪▪▪▪ Tony Pidgeley

▪▪▪▪▪▪▪▪ Rakesh Kapoor

▪▪▪▪▪▪▪▪ Jeremy Darroch

▪▪▪▪▪▪▪▪ Flemming Ornsjov

▪▪▪▪▪▪▪▪ Bob Dudley

▪▪▪▪▪▪▪▪ Erik Engstrom

▪▪▪▪▪▪▪▪ Mike Wells

▪▪▪▪▪▪▪▪ Michael Dobson

▪▪▪▪▪▪▪▪ Antonio Horta-Osorio

Los 10 ejecutivos mejor pagados

EE. UU., 2016

▪▪▪▪▪▪▪▪ Marc Lore

▪▪▪▪▪▪▪▪ Tim Cook

▪▪▪▪▪▪▪▪ John Weinberg

▪▪▪▪▪▪▪▪ Sundar Pichai

▪▪▪▪▪▪▪▪ Elon Musk

▪▪▪▪▪▪▪▪ Virginia Rometty

▪▪▪▪▪▪▪▪ Mitch Garber

▪▪▪▪▪▪▪▪ Philippe Dauman

▪▪▪▪▪▪▪▪ Leslie Moonves

▪▪▪▪▪▪▪▪ Mario Gabelli

remuneración total, incluye acciones y primas.

EN EL REINO UNIDO, EL DIRECTOR GENERAL DE UNA EMPRESA DEL FTSE100 RECIBE UNA MEDIA DE 5,5 MILLONES DE LIBRAS ANUALES: ESO SIGNIFICA QUE EL 3 DE ENERO DE 2017 ESE EJECUTIVO YA HABÍA GANADO MÁS DE LO QUE GANARÍA DE MEDIA UN EMPLEADO DE SU EMPRESA EN TODO EL AÑO, 28.200 LIBRAS.

Proporción del sueldo de un director general respecto de la media

ejemplos seleccionados, 2016

541:1	Sudáfrica
483:1	India
299:1	EE. UU.
229:1	R.U.
203:1	Canadá
176:1	Alemania
101:1	Noruega
68:1	Francia
43:1	China

EL DIRECTOR GENERAL DE UNA DE LAS 5 MAYORES MARCAS DE MODA MUNDIALES GANA EN SOLO 4 DÍAS LO MISMO QUE COBRA UNA TRABAJADORA TEXTIL DE BANGLADÉS EN TODA SU VIDA.

Cuenta con el banco

Porcentaje de adultos de 15 años o más con una cuenta en una institución financiera formal

ejemplos seleccionados, 2014

Para las mujeres más que para los hombres, las redes familiares y sociales informales ofrecen seguridad económica, pero el salto a las instituciones y procesos financieros formales reduce la pobreza, ofrece protección contra imprevistos y mejora su seguridad financiera. El acceso básico a la «inclusión financiera» en los sistemas formales es una cuenta bancaria. Los pagos móviles están cambiando la naturaleza de esta inclusión, sobre todo en el África Subsahariana.

> SOLO EN SUS PRIMEROS 10 AÑOS, EL USO DE M-PESA, SISTEMA DE PAGOS MÓVILES PREDOMINANTE EN KENIA, HA SACADO A CASI 200.000 HOGARES DE LA POBREZA EXTREMA, LA MAYORÍA ENCABEZADOS POR MUJERES.

> EL 2% DE LOS ADULTOS DEL MUNDO UTILIZA LOS PAGOS MÓVILES, PERO EN EL ÁFRICA SUBSAHARIANA ES EL 12%. EN KENYA, EL 96% DE LOS HOGARES TIENE AL MENOS UN MIEMBRO QUE UTILIZA LOS PAGOS MÓVILES.

hombres	brecha	mujeres
Marruecos 52%	25	27% Marruecos
E.A.U. 90%	24	66% E.A.U.
Baréin 90%	23	67% Baréin
India 63%	20	43% India
Birmania 29%	12	17% Birmania
Afganistán 16%	12	4% Afganistán
Bután 39%	11	28% Bután
Pakistán 14%	11	3% Pakistán
Nicaragua 24%	10	14% Nicaragua
Sudán 20%	10	10% Sudán
Irán 97%	10	87% Irán
media mundial 64%	7	57% media mundial
Brasil 72%	7	65% Brasil
Kenia 59%	7	52% Kenia
Botsuana 53%	7	46% Botsuana
Bolivia 44%	6	38% Bolivia
Tailandia 81%	6	75% Tailandia
China 81%	5	76% China
Camboya 15%	4	11% Camboya
Francia 98%	3	95% Francia
Jamaica 79%	1	78% Jamaica
Japón 97%	1	96% Japón
Singapur 97%	1	96% Singapur
R.U. 99%	0	99% R.U.
Suecia 100%	0	100% Suecia

mujeres		hombres
Sri Lanka 83%	+1	82% Sri Lanka
Argentina 51%	+1	50% Argentina
Indonesia 37%	+2	35% Indonesia
EE. UU. 95%	+3	92% EE. UU.
Rusia 70%	+6	64% Rusia
Filipinas 34%	+12	22% Filipinas

 Véase «El mito del mundo conectado», página 166

Poder

THEY TRIED TO BURY US... THEY DIDN'T KNOW WE WERE SEEDS...

Voto de la mujer
Fecha del sufragio universal para las mujeres
En iguales condiciones que los hombres en elecciones nacionales

1893 – 1919
1920 – 1944
1945 – 1959
1960 – 1979
desde 1980
con restricciones
sin datos

RUSIA

KAZAJISTÁN

MONGOLIA

UCRANIA

GEORGIA

UZBEKISTÁN

KIRGUISTÁN

AZER.

TURQUÍA

ARMENIA

TURKMEN.

TAYIKISTÁN

SIRIA

IRÁN

AFGANISTÁN

CHINA

COREA
DEL NORTE

COREA
DEL SUR

JAPÓN

ISRAEL

IRAK

KUWAIT

PAKISTÁN

NEPAL

BUTÁN

TAIWÁN

BAREIN

CATAR

E.A.U.

GIPTO

ARABIA
SAUDÍ

OMÁN

BANGLADÉS

BIRMANIA

LAOS

Hong Kong

MICRONESIA

ISLAS MARSHALL

NAÚRU

KIRIBATI

SUDÁN

ERITREA

YEMEN

INDIA

TAILANDIA

VIETNAM

CAMBOYA

FILIPINAS

TUVALU

SAMOA

YIBUTI

ÁN
SUR

ETIOPÍA

SOMALIA

SRI LANKA

BRUNÉI

VANUATU

FIJI

PALAOS

TONGA

UGANDA

MALDIVAS

MALASIA

RUANDA

BURUNDI

SEYCHELLES

SINGAPUR

INDONESIA

TANZANIA

COMORAS

MBIA

PAPÚA
NUEVA
GUINEA

TIMOR ORIENTAL

MALAUI

MAURICIO

MBABUE

MOZAMBIQUE

MADAGASCAR

AUSTRALIA

SUAZILANDIA

SOTO

Arabia Saudí

Las mujeres
no pueden votar en
elecciones nacionales
(pero pudieron votar
en las municipales
de 2015)

NUEVA
ZELANDA

185

Más allá del relato oficial
Cuando «sufragio universal» en realidad no significa «universal»

EE. UU.

Se considera el año de la Decimonovena Enmienda de la Constitución de EE. UU., aprobada en 1920, como la fecha oficial de la liberalización del voto femenino: «Ni los Estados Unidos ni ningún estado individual denegará o recortará el derecho al voto de los ciudadanos por razón de su sexo».

PERO...

LOS NATIVOS AMERICANOS QUE VIVÍAN EN LAS RESERVAS NO TUVIERON LA CIUDADANÍA, NI DERECHO AL VOTO, POR TANTO, HASTA 1924. EN PUERTO RICO, TERRITORIO ESTADOUNIDENSE, LAS MUJERES NO PUDIERON VOTAR HASTA 1929, CUANDO SE CONCEDIÓ SOLO A LAS ALFABETIZADAS. EL SUFRAGIO UNIVERSAL SE LOGRÓ EN 1935.

SUDÁFRICA

Las mujeres blancas lograron el derecho al voto en 1930.

PERO...

LAS INDIAS Y LAS MESTIZAS NO TUVIERON DERECHO AL VOTO HASTA 1984, Y LAS NEGRAS HASTA 1994.

AUSTRALIA

Las mujeres blancas lograron el derecho al voto en 1902.

PERO...

LOS ABORÍGENES TUVIERON QUE ESPERAR A 1962 PARA TENER DERECHO AL VOTO EN UNAS ELECCIONES FEDERALES.

Años de diferencia
Brecha entre el sufragio masculino y el femenino
en los países seleccionados

voto masculino   voto femenino

años de diferencia

Dinamarca 1915	0	1915 Dinamarca
Holanda 1917	2	1919 Holanda
R.U. 1918	10	1928 R.U.
Japón 1925	20	1945 Japón
Italia 1919	26	1945 Italia
EE. UU. 1870	50	1920 EE. UU.
Bélgica 1893	55	1948 Bélgica
España 1869	62	1931 España
Francia 1848	96	1944 Francia
Suiza 1848	123	1971 Suiza

El ejército
Porcentaje de mujeres en las fuerzas armadas activas

datos más recientes desde 2016

- menos del 5%
- 5% – 9%
- 10% – 14%
- 15% o más
- presentes en las fuerzas armadas, proporción desconocida
- sin datos

EL #MeToo EN EL EJÉRCITO:
EN EL EJÉRCITO, LAS AGRESIONES A MUJERES POR SUS COMPAÑEROS SON COMUNES. LAS NORCOREANAS AFIRMAN QUE «LA VIOLACIÓN ES LA CRUDA REALIDAD» EN EL EJÉRCITO. EN 2016, 8.600 MUJERES Y 6.300 HOMBRES DENUNCIARON AGRESIONES SEXUALES EN EL EJÉRCITO DE EE. UU., MÁS DE UNA VEZ LA MAYORÍA: 41.000 DENUNCIAS EN TOTAL. EL 21% DE LAS MUJERES EN SERVICIO ACTIVO Y EL 6% DE LOS HOMBRES HAN SUFRIDO UN ACOSO SEXUAL GRAVE Y PERSISTENTE. LAS PERSONAS LGBT SUFREN ÍNDICES MUCHO MÁS ALTOS DE AGRESIONES Y ACOSO.

CANADÁ

EE. UU.

CUBA

BELICE
HONDURAS
JAMAICA
NICARAGUA

VENEZUELA
GUYANA
COLOMBIA

ECUADOR

PERÚ

BRASIL

BOLIVIA

CHILE
ARGENTINA

#AHÍ LO DEJO

El traspaso del 10% del gasto militar global a la agricultura y las infraestructuras en países pobres podría eliminar el hambre y la pobreza extrema hacia 2030; proporcionar una enseñanza primaria y secundaria universales supondría en torno a un 3% del gasto militar mundial.

Si el ejército es una fuente de empleo, influencia política y prestigio social, no se debe excluir a la mujer de dichas oportunidades, pero muchas feministas aducen que el aumento de la participación femenina en instituciones masculinizadas de violencia organizada daña los intereses de la mujer a largo plazo, y que su papel es desmantelar los ejércitos y el militarismo más que potenciarlos con su presencia.

Arabia Saudí 2018

En ciertas provincias, el gobierno permitirá que las mujeres ocupen puestos militares donde no entren en combate. Para solicitarlo y alistarse, necesitarán el permiso de su tutor.

HAY 22 PAÍSES DEL MUNDO QUE NO TIENEN EJÉRCITO PERMANENTE, ENTRE ELLOS ISLANDIA, COSTA RICA, SAMOA, MAURICIO Y VARIOS PAÍSES DEL CARIBE.

Mujeres en gobiernos nacionales

Porcentaje de representantes elegidas para el gobierno de la nación
en la cámara baja en sistemas bicamerales
junio de 2017

- 40% o más
- 30% – 39%
- 20% – 29%
- 10% – 19%
- menos del 10%
- sin mujeres en el gobierno
- sin datos

¿PRIMERA PRESIDENTA DE ESTADOS UNIDOS?

AÚN NO...

Un progreso lento

Media mundial de mujeres en gobiernos nacionales
en la cámara baja en sistemas bicamerales

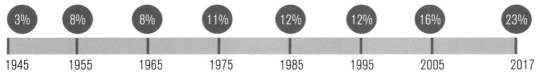

3%	8%	8%	11%	12%	12%	16%	23%
1945	1955	1965	1975	1985	1995	2005	2017

Liberia — Primera jefa de Estado elegida en África: Ellen Johnson Sirleaf. 1.ª 2005

Kuwait — Primera mujer nombrada ministra: Massouma al-Mubarak. 1.ª 2005

Ruanda — Primer país del mundo en elegir un gobierno con mayoría de mujeres, el 56%. 1.ª 2008

Islandia — Primera mujer primera ministra de Islandia y primera jefa de gobierno abiertamente homosexual del mundo: Jóhanna Sigurðardóttir 1.ª 2009

Arabia Saudí — Las mujeres pueden presentarse y también votar por primera vez en unas elecciones municipales. 1.ª 2015

Mujeres con carteras ministeriales

Porcentaje, donde es del 30% o más

2015

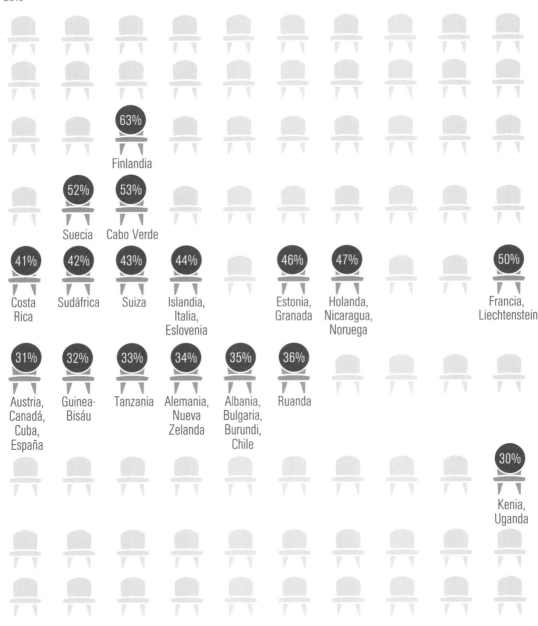

63% Finlandia

52% Suecia

53% Cabo Verde

41% Costa Rica

42% Sudáfrica

43% Suiza

44% Islandia, Italia, Eslovenia

46% Estonia, Granada

47% Holanda, Nicaragua, Noruega

50% Francia, Liechtenstein

31% Austria, Canadá, Cuba, España

32% Guinea-Bisáu

33% Tanzania

34% Alemania, Nueva Zelanda

35% Albania, Bulgaria, Burundi, Chile

36% Ruanda

30% Kenia, Uganda

Parlamento Europeo

Porcentaje de mujeres elegidas al Parlamento Europeo
por delegaciones nacionales

febrero de 2017

67%

Malta

62%

Finlandia

55%

Croacia,
Irlanda

50%

Austria,
Estonia, Letonia,
Suecia

46%

España

43%

R.U.

42%

Francia, Holanda

38%

Italia, Eslovenia

37%

Alemania

33%

Bélgica, Luxemburgo

31%

Dinamarca,
Eslovaquia

29%

Portugal

28%

Rumanía

26%

Polonia

24%

Bulgaria,
Rep. Checa,
Grecia

19%

Hungría

18%

Lituania

17%

Chipre

Cuotas en gobiernos nacionales

Las cuotas de género sirven para mejorar la representación de la mujer en los gobiernos nacionales
2017

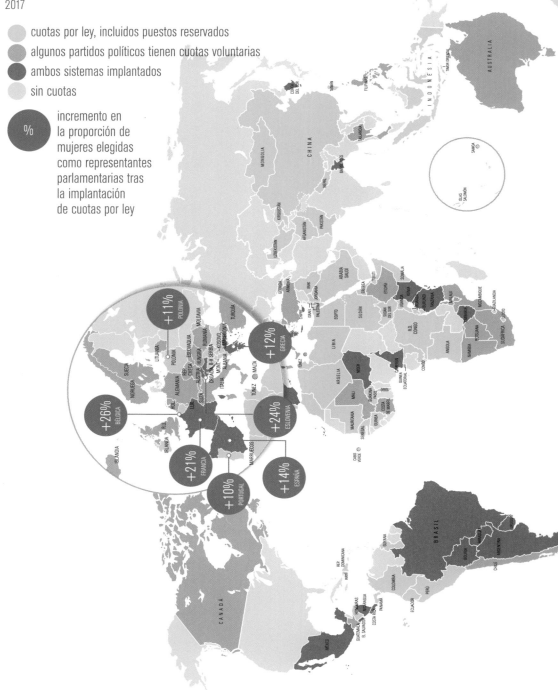

cuotas por ley, incluidos puestos reservados

algunos partidos políticos tienen cuotas voluntarias

ambos sistemas implantados

sin cuotas

% incremento en la proporción de mujeres elegidas como representantes parlamentarias tras la implantación de cuotas por ley

La mujer en las Naciones Unidas

En porcentaje de altos cargos (D1 y superior)
en el sistema de la ONU

2015

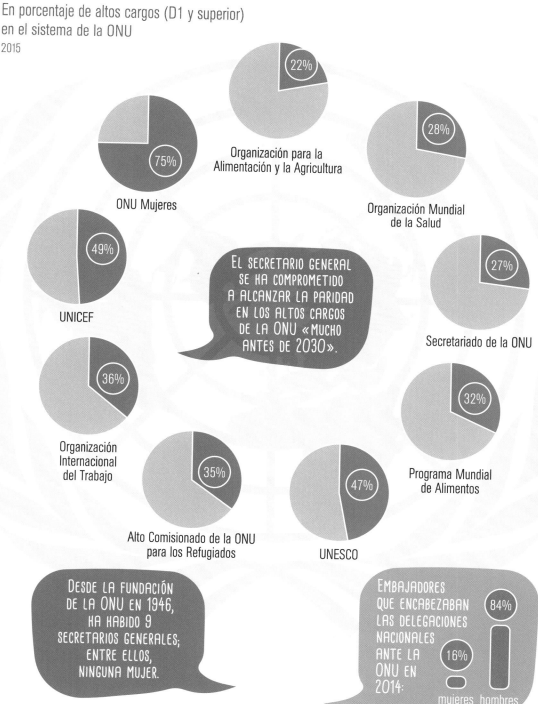

22% Organización para la Alimentación y la Agricultura

75% ONU Mujeres

28% Organización Mundial de la Salud

49% UNICEF

27% Secretariado de la ONU

EL SECRETARIO GENERAL SE HA COMPROMETIDO A ALCANZAR LA PARIDAD EN LOS ALTOS CARGOS DE LA ONU «MUCHO ANTES DE 2030».

36% Organización Internacional del Trabajo

32% Programa Mundial de Alimentos

35% Alto Comisionado de la ONU para los Refugiados

47% UNESCO

DESDE LA FUNDACIÓN DE LA ONU EN 1946, HA HABIDO 9 SECRETARIOS GENERALES; ENTRE ELLOS, NINGUNA MUJER.

EMBAJADORES QUE ENCABEZABAN LAS DELEGACIONES NACIONALES ANTE LA ONU EN 2014: **16%** mujeres **84%** hombres

Feminismos

2 Islandia
4 Noruega
1 Finlandia
18 R.U.
2 Suecia
1 Letonia
1 Lituania
3 Dinamarca
1 Holanda
50 Canadá
4 Irlanda
12 Alemania
3 Polonia
1 Rep. Checa
1 Bélgica
3 Bielorrusia
1 Eslovaquia
10 Francia
1 Austria
1 Hungria
1 Rumania
1 Suiza
1 Eslovenia
1 Kosovo
1 Bulgaria
6 Portugal
3 España
1 Serbia
1 Croacia
2 Grecia
1 Georgia
4 Italia
1 Libano
653 EE. UU.
1 Marruecos
1 Israel
1 Irak
1 Egipto
2 Jordania
Arabia S
24 México
1 Bermudas
1 Bahamas
4 Puerto Rico
1 I. Caimán
3 Islas Virgenes (EE. UU.)
1 Guatemala
1 Nicaragua
1 Aruba
2 S. Cristóbal y Nieves
1 Bonaire
7 Costa Rica
3 Colombia
1 Guyana
2 Ecuador
1 Nigeria
1 Liberia
1 Ghana
1 R.D. Congo
1 Uganda
1 Ruanda
2 Kenia
3 Tanzania
2 Perú
2 Brasil
1 Zambia
2 Malaui
1 Bolivia
1 Paraguay
1 Namibia
1 Botsuana
1 Zimbabue
2 Chile
3 Sudáfrica
1 Argentina
1 Uruguay
2 Antártida

I DIDN'T COME THIS FAR TO ONLY COME THIS FAR.

SOLIDARITY #WOMENSMARCH #BRASILIA PODE

FIGHT LIKE a GIRL

NASTY WOMEN UNITE!

NASTY WOMEN FOR PROGRESS

WOMEN'S RIGHTS ARE HUMAN RIGHTS

PUSSY GRABS BACK

THEY TRIED TO BURY US. THEY DIDN'T KNOW

Manifestaciones de mujeres el 21 de enero de 2017

 cifra estimada de concentraciones en cada país

Las mujeres defienden todos los días la justicia social y sus derechos en los colegios electorales, el trabajo, las relaciones personales, el arte, la literatura, a través del análisis y la enseñanza, en los tribunales y, con frecuencia, en la calle.

El 21 de enero de 2017 salieron a las calles de todo el mundo entre 5 y 6 millones de personas. La movilización inicial como reacción de las mujeres ante la elección de Donald Trump como presidente de EE. UU. se convirtió en una manifestación mundial antifascista y antirracista de defensa de los derechos de la mujer. Algunas concentraciones consistieron en 2 o 3 personas valientes; en muchas ciudades, cientos de miles llenaron las calles.

1 — Rusia

2 — Japón

3 — Corea del Sur

1 — China

21 — India

1 — Laos

1 — Macao

1 — Hong Kong

1 — Birmania

2 — Tailandia

3 — Vietnam

1 — Filipinas

1 — Camboya

1 — Singapur

2 — Indonesia

1 — Timor Oriental

1 — Guam

1 — Micronesia

5 — Nueva Zelanda

1 — Fiyi

4 — Australia

He Waka Eke Noa

UNEXPLAINED LAUGHTER DISRUPTS THE PATRIARCHY

WE'RE IN THIS TOGETHER, OR NOT AT ALL

GIRL POWER

CEANS NG AND WE!

FEMINISM THE RADICAL NOTION THAT WOMEN ARE PEOPLE

I CAN'T BELIEVE I STILL HAVE TO PROTEST THIS F***

WHITE SILENCE COSTS LIVES

Fuentes

Primera parte: LA MUJER EN EL MUNDO

12-13 Acabar con la discriminación

CEDAW – Colección de Tratados de las Naciones Unidas; Audiencia ante el subcomité sobre legislación y derechos humanos. Comité sobre el poder judicial. 18/11/2010. Sesión del Senado EE. UU. *111–1143*; Poso M. L. «Palau takes time to ratify the CEDAW». 19/4/2010. www.mvariety. com; WUNRN. «Tonga – Ongoing debate over CEDAW ratification, reflects US CEDAW challenges on a smaller scale». 1/2/2016. wunrn.com; Women's Committee of the National Council of Resistance of Iran. «CEDAW: Why the Iranian Regime does not join the CEDAW». Marzo de 2016. http:// women.ncr-iran.org; «Sudan: Bahsir says Sudan will not sign CEDAW Convention». Enero de 2001. allafrica.com

14-15 Medir la discriminación
• El Índice de la brecha global de género

Foro Económico Mundial. *Informe Global de la Brecha de Género 2017*.

16 Discriminación contra la mujer

OCDE. *Social Institutions and Gender Index, Synthesis Report 2014*. 2015.

17 Esperanza de vida

PNUD. *Informe de Desarrollo Humano, 2016*; ONU. *La mujer en el mundo 2015: Tendencias y estadísticas*.

18-19 Derechos de las lesbianas
• Más allá de lo binario

Ahnam T. «Transgender rights, Bangladesh style». 2/7/2015. www.nytimes.com; Amnistía Internacional. «Gender, Sexuality, and Identity». www.amnestyusa.org/issues/ gender-sexuality-identity/; Amnesty International Report 2016/17. *State of the World's Human Rights*; Chiam Z. et al. *Trans Legal Mapping Report 2016: Recognition before the law*. Ginebra: ILGA. Noviembre de 2016; Eddy M. y Bennett J. «Germany must allow third gender category». 8/11/2017. www.nytimes.com

20-21 Situación legal de los gays
• Los últimos

Carroll A. y Mendos L. R. *State Sponsored Homophobia 2017: A world survey of sexual orientation laws: criminalisation, protection and recognition*. Ginebra: ILGA. Mayo de 2017; Asociación Internacional de Gays y Lesbianas. «Sexual Orientation Laws». http:// ilga.org/what-we-do/mapssexual-orientation-laws/

22-23 Casarse

División de Población de la ONU. *World Marriage Data 2015*.

23 Esperar más

Comisión Económica de la ONU para Europa. Tablas estadísticas. http:// w3.unece.org/PXWeb2015/pxweb/ en/STAT/STAT__30-GE__02-Families_ households

24 Es duro romper

Indicadores de divorcios de EUROSTAT. 2017; Yau N. «Never Been Married. Data Underload». www.flowingdata. com/2016/03/10/never-been-married/; NCHS. «Cohabitation, Marriage, Divorce, and Remarriage in the United States. Series Report 23, Number 22»; Raley R. K. et al. *The Growing Racial and Ethnic Divide in US Marriage Patterns*. The Future of children / Center for the Future of Children, the David and Lucile Packard Foundation. 2015. 25(2):89-109; US Bureau of Labor Statistics. «Marriage and divorce: patterns by gender, race, and educational attainment». Octubre de 2013.

25 Matrimonio del mismo sexo
• Parejas de hecho del mismo sexo

«Marriage equality law passes Australia's parliament in landslide vote». 7/12/2017. www.theguardian.com; Pew Research Center. «Gay Marriage Around the World». 30/6/2017.

26 Matrimonio infantil en EE. UU.

Kristof N. «11 years old, a mom, and pushed to marry her rapist». 26/5/2017. www.nytimes.com; Massachusetts Law Updates. «Child Brides». https://blog.mass.gov/ masslawlib/legal-topics/child-brides/; Morris A. «New Hampshire House kills bill that would raise minimum marriage age to 18». 9/3/2017. www.concordmonitor.com; Tahirih Justice Center. «Understanding state statues on minimum marriage age and exceptions». Actualizado el 11/7/2017. http://www.tahirih.org; Tsui A. et al. «Child marriage in America by the Numbers». 6/7/2017. www.Frontline. org; McClendon D. y Sandstrom A. «Child marriage is rare in the US, although this varies by state». 1/11/2016. www.pewresearch.org; Unchained at Last. www.unchainedatlast.org

27 El matrimonio infantil en el mundo

Girls Not Brides. www.girlsnotbrides. org/about-child-marriage/; ONU. *La mujer en el mundo 2015: Tendencias y estadísticas*; UNICEF. *Ending Child Marriage: Progress and Prospects*. 2014; Datos de UNICEF. «Monitoring the situation of children and women». data.unicef.org/topic/child-protection/ childmarriage/

28-29 Tamaño del hogar
• Una Europa unipersonal

Asia Foundation. «A Survey of the Afghan People». 2015; Chamie J. «The rise of one-person households». 22/2/2017. www.ipsnews.net; China. Statistical Yearbook. 2016; ESRI Demographic Data Release Notes: «Botswana. Average Household size»; EUROSTAT. «Household Composition Statistics». 2016; Gobierno de Canadá. «2016 Census Topic: Families, households and marital status»; Gobierno de Hong Kong. «Living Arrangement and Household Characteristics»; Gobierno de Nepal. Oficina Central de Estadística. 2016; Censo de Irán. 2016; Living alone EUROSTAT. «Household Composition Statistics». 2016; Base de datos de familias de la OCDE; Office for National Statistics, Reino Unido. «Families and Households: 2017»; FPNU. «Lao People's Democratic Republic». http://lao.unfpa.org/en

30 No todos los hogares son iguales

Eurostat Statistics Explained. «Quality of Life in Europe». 2015; Oficina del Censo de los EE. UU. «Income and Poverty in the United States: 2016». Tabla B-1.

31 Refugiadas

UNHCR. *Global Report 2016*; UNHCR. «Syria Regional Refugee Response». 22/2/2018. UNHCR. Base de datos estadística; «UNRWA In Figures 2017»; UNHCR. «Iraq Refugee Crisis»; UNHCR. «Inside the world's 10 largest refugee camps»; UNHCR. «Dadaab – Kenya: Camp Population Statistics» (31/1/2017); UNHCR. «South Sudan Situation»; «Where are the Syrian refugees?» 4/5/2017. www.aljazeera. com

32-33 Zonas de crisis

Human Rights Watch. Informe Mundial 2018; ReliefWeb. www.reliefweb. int/countries; Oficina de la ONU para la Coordinación de Asuntos Humanitarios. «Panorama Global Humanitario 2018»; Asamblea General de la ONU. Consejo de Derechos Humanos. Informe de la comisión de investigación sobre derechos humanos en la República Popular Democrática de Corea. 7/2/2014.

34 Pacificadoras

Council on Foreign Relations. «Women's Roles in Peace Processes».

34 Mantener la paz

Cita de Saghal extraída de: Jordan M. «Sex charges haunt UN forces». 26/11/2004. www.csmonitor.com; Taylor S. «Dispatches: A Year of Reckoning on Sexual Abuse by UN Peacekeepers». Human Rights Watch. 22/12/2015; United Nations Peacekeeping: Gender.

Segunda parte: PONER A LA MUJER EN SU SITIO
38–39 Un reino acotado

Begum R. «The brave female activists who fought to lift Saudi Arabia's driving ban». 29/9/2017. www.hrw.org; Hubbard B. «Once shunned as "drivers", women who fought ban now celebrate». 7/10/2017. www.nytimes.com; Human Rights Watch. Women's Rights. «Boxed In: Women and Saudi Arabia's Male Guardianship System». 16/7/2016; «Saudi police "stopped" fire rescue». 15/3/2002. www.bbc.co.uk/news; «Saudi women will need permission from male "guardians" to drive». 27/9/2017. www.alaraby.co.uk; World Bank. Women, Business and the Law.

40 Obligación legal

«DR Congo: Women's Situation». www.thekvinnatillkvinnafoundation.org/country/dr-congo/womens-situation/; Human Rights Watch. «Letter regarding the human rights situation in Sudan during the 36th session of the UH Human Rights Council». 21/9/2017; Moaddel M. The birthplace of the Arab spring: values and perceptions of Tunisians and a comparative assessment of Egyptian, Iraqi, Lebanese, Pakistani, Saudi, Tunisian, and Turkish publics. College Park: University of Maryland, 2013.

41 Atuendos indecorosos • Opinión pública

Bruce-Lockhart A. «Five countries with the strictest dress codes». Foro Económico Mundial. 7/1/2016; Pew Research Center. «Restrictions on Women's Religious Attire». 21/9/2017.

42 Muertes «por honor»

Honor Based Violence Awareness Network. www.hbv-awareness.com; «Honor Killings: Tradition and Law». www.sites.tufts.edu/anth27h/honorkilling-today; Nasrullah M et al. «The epidemiological patterns of honour killing of women in Pakistan», European Journal of Public Health, volumen 19, número 2, 1/4/2009, 193–197; Departamento de Estado de EE. UU. «Country Reports on Human Rights Practices».

43 Palizas «justificadas» • Contarlo, o no

ONU. The World's Women 2015: Trends and Statistics.

44 Violencia doméstica por países

ONU. The World's Women 2015: Trends and Statistics.

45 Violencia doméstica por regiones

Bunch C. «Women's Rights as Human Rights: Toward a Re-Vision of Human Rights». Human Rights Quarterly, vol. 12, N.º 4, nov. 1990: 486–498; OMS. Observatorio mundial de la salud. «Intimate Partner Violence Prevalence». Datos por regiones de la OMS.

46 El maltrato en la pareja

Breiding M. et al. «Prevalence and Characteristics of Sexual Violence, Stalking, and Intimate Partner Violence Victimization», National Intimate Partner and Sexual Violence Survey, Estados Unidos, 2011. CDC. 5/9/2014; Chauhan R. y Baraik VK. «Mapping Crime against Women in India: Spatio-Temporal Analysis, 2001–2012». Development, 246. 2016; National Coalition Against Domestic Violence. Facts about domestic violence. www.ncadv.org/statistics; National Crimes Record Bureau. «Chapter 5, Crime Against Women». www.ncrb.gov.in/StatPublications/CII/CII2015/chapters/Chapter%205-15.11.16.pdf; Office for National Statistics. «Domestic abuse in England and Wales, year ending March 2016»; Rauhala E. «Despite a new law, China is failing survivors of domestic violence». 7/2/2017. www.washingtonpost.com

48–49 Matrimonio en caso de violación

www.abaadmena.org; Barad E. et al. «Gender-Based Violence Laws in Sub-Saharan Africa». 2007; Equality Now. The World's Shame: The global rape epidemic; Sengupta S. «One by One, Marry-Your-Rapist Laws Are Falling in the Middle East». 22/7/2017. www.nytimes.com; Banco Mundial. «Women, Business, and the Law». 2016.

50–51 Violación

Institute for Security Studies. «Rape and other forms of sexual violence in South Africa». 2014; Middleton L. «Corrective Rape: Fighting a South African Scourge». 8/3/2011. www.time.com; Raj A. et al. «Sexual violence and rape in India». The Lancet, volumen 383, n.º 9920, 865; Smith S. G. et al. «The National Intimate Partner and Sexual Violence Survey (NISVS): 2010–2012 State Report». National Center for Injury Prevention and Control. 2017; South African Medical Research Council. Understanding men's health and the use of violence; ONU, 2015. La mujer en el mundo 2015: Tendencias y estadísticas; Organización Mundial de la Salud. «Global and regional estimates of violence against women: prevalence and health effects of intimate partner violence and nonpartner sexual violence». 2013.

52 Violación en zonas de guerra

Goetz A. M. «Inciting soldiers to rape in the Philippines». 6/6/2017; www.opendemocracy.net; Enloe C. Maneuvers: The international politics of militarizing women's lives. Berkeley: University of California Press, 2000; Human Rights Watch. «They said we are their slaves». 5/10/2017; Informe del secretario general de la ONU sobre la violencia sexual durante conflictos armados. 15/4/2017; Storr W. «The rape of men: the darkest secret of war». 16/7/2011. www.theguardian.com; Thomas D. Q. y Regan E. R. «Rape in War: Challenging the Tradition of Impunity». SAIS Review 1994, 82–99; Women's Media Centre. Women Under Siege. Witness Reports: Bosnia.

53 El violador en casa

Centers for Disease Control. «Intersection of intimate partner violence and HIV in women»; Equality Now. «The Global Rape Epidemic». 2017; Kentish B. «Indian government files legal papers to try to stop marital rape being outlawed». 1/9/2017. www.independent.co.uk; Sarkar M. y Torre I. «Marital rape: Where in the world is it legal?», 2/5/2015. www.edition.cnn.com; ONU, La mujer en el mundo 2015: Tendencias y estadísticas; Oficina de las Naciones Unidas contra la Droga y el Delito (UNODC). Estadísticas sobre justicia y reforma de las prisiones; Women Living Under Muslim Laws. «Iran: Gender discrimination at its worst». 2014.

54–55 Asesinato de mujeres

Refuge. www.refuge.org.uk/get-helpnow/what-is-domestic-violence/domestic-violence-the-facts/; National Coalition against Domestic Violence; Petrosky E. et al. «Racial and Ethnic Differences in Homicides of Adult Women and the Role of Intimate Partner Violence – United States, 2003–2014». MMWR Morbidity and mortality weekly report 2017. 66 (28), 741–746; Salfati C. et al. «Prostitute homicides: A descriptive study». Journal of Interpersonal Violence 23.4 (2008): 505-543; Small Arms Survey. Nov 2016. «A Gendered analysis of violent deaths». Número 63. Noviembre de 2016; Statistics Canada. «Prostitution Offences in Canada: Statistical Trends»; «The silent nightmare of domestic violence in Russia». 1/3/2013. www.bbc.com; Departamento de Estado de EE. UU. «Country Reports on Human Rights Practices»; Vagianos A. «30 Shocking domestic violence statistics that remind us it's an epidemic». 12/6/2017. www.huffingtonpost.com; Violence Policy Center. «When Men Murder Women: An analysis of 2015 homicide data». 2017; Waiselfisz JJ. «Mapa da Violência 2015: Homicídio de mulheres no Brasil». www.flasco.org.br

56 Morir por la dote

«24,771 dowry deaths reported in last 3 years». 31/7/2015. www. indianexpress.com; Corraya, S. «In Bangladesh, 87 per cent of women victims of domestic violence». 2/3/2014. www.asiannews.it; Nigam, C. «21 lives lost to dowry every day across India: conviction rate less than 35 per cent». 22/4/2017. www.indiatoday.in; Rao, H. «The wedding ritual that kills 2,000 brides in Pakistan every year». 30/12/2016. www.en.dailypakistan. com; «Violence against women: Dowry». www.askbd.org/ ask/2017/01/08/dowry-januarydecember-2016/

57–58 Guerras fundamentalistas contra la mujer

Abdelaziz S. «ISIS states its justification for the enslavement of women». 13/10/2014. www.cnn.com; Amnistía Internacional. «Iraq: Yezidi survivors of horrific abuse in IS captivity neglected by international community». 10/10/2016. www.amnesty.org; Amnistía Internacional. «Escape from Hell: Torture and sexual slavery in Islamic State captivity in Iraq». 2014. www.amnesty.org.uk; Human Rights Watch. 5/4/2016. «Iraq: Women suffer under ISIS». www.hrw.org; Mahmood M. «Double-layered veils and despair... women describe life under ISIS». 17/2/2015. www.theguardian.com; Otten C. «The Long Read: Slaves of ISIS». 25/7/2017. www.theguardian. com; The Crisis Group. «Women and the Boko Haram Insurgency»; UNICEF. «Use of children as "human bombs" rising in north east Nigeria». 22/8/2017; Warner J. y Matfess H. «Exploding Stereotypes: The unexpected operational and demographic characteristics of Boko Haram's suicide bombers». Combatting Terrorism Center. www.ctc.usma.edu

Tercera parte: DERECHOS REPRODUCTIVOS

60–61 Nacimientos

Banco Mundial. Datos. Tasa de fertilidad, total.

62 Edad en el primer parto

CIA World Factbook. Media de edad de las madres en el primer parto.

62 Expectativas cambiantes

Banco Mundial. Datos. Tasa de fertilidad, total.

63–65 La anticoncepción sigue siendo responsabilidad de la mujer
• Tipos de anticonceptivos
• Uso de anticonceptivos

ONU/DAES. División de Población. «World Contraceptive Use 2017».

64 Uso de anticonceptivos

«Contraception and family planning around the world – interactive». www.theguardian.com

66 Iniciativa de Planificación Familiar 2020

Clinton Foundation. «Family Planning Market Report». Agosto de 2016.

67 Necesidades no satisfechas

ONU/DAES. División de Población. «World Contraceptive Use 2017»; Guttmacher Institute. *Adding It Up: Investing in Contraception and Maternal and Newborn Health, 2017.* 13/7/2017.

68–69 Morir por dar a luz

Amnistía Internacional. *Deadly Delivery: The Maternal Health Care Crisis in America.* 2010; CDC. «Reproductive Health»; Creanga A. A. et al. «Maternal Mortality and Morbidity in the United States: Where Are We Now?». *Journal of Women's Health.* Enero de 2014, 23(1): 3-9.

69 Zonas de peligro

OMS. Datos del GHO. Asistencia especializada en el parto; OMS. Cobertura de servicios de salud, datos por países; UNICEF. Mortalidad materna.

70 Raza, residencia, origen étnico y muerte

Amnistía Internacional. *Deadly Delivery: The Maternal Health Care Crisis in America.* 2010; Australia Institute Health and Welfare. Humphrey M. D. et al. *Maternal deaths in Australia 2008–2012.* Maternal deaths series n.º 5. Canberra: AIHW; CDC. «Reproductive Health»; Creanga A. A. et al. «Maternal Mortality and Morbidity in the United States: Where Are We Now?». *Journal of Women's Health.* Enero de 2014, 23(1): 3-9; Creanga A. A. et al. «Pregnancy related mortality in the United States, 2006–2010». *Obstetrics and Gynecology,* 125(1): 5-12. 2015; Knight M. «Maternal mortality and severe morbidity in the UK: Trends and key messages for care». 2015. www.iss.it/binary/moma/cont/Knight. pdf; Morrison J. «Race and Ethnicity by the Numbers». *Americas Quarterly.* 2012; Singh GK. «Maternal Mortality in the United States, 1935–2007». Rockville: Departamento de Salud y Servicios Sociales de EE .UU. 2010.

72–73 Leyes sobre el aborto

«Australia: Children by Choice». www. childrenbychoice.org.au; Guttmacher Institute. «International abortion: Legality and Safety»; Sedgh G. et al. «Abortion incidence between 1990 and 2014: Global, regional, and subregional levels and trends». *The Lancet,* 2016; World Abortion Laws 2017. Center for Reproductive Rights.

72 Permiso masculino, otra vez

OMS. Base de datos mundial sobre políticas sobre el aborto; Gynopedia. Taiwan; Women on Waves. «Abortion Law: Malawi».

74 ¿Quién aborta?

Guttmacher Institute. www.data. guttmacher.org/regions; Sedgh G. et al. «Abortion incidence between 1990 and 2014: Global, regional, and subregional levels and trends». *The Lancet,* 2016.

75 Seguridad y accesibilidad

Boseley S. «Almost half of all abortions performed worldwide are unsafe, reveals WHO». 27/9/2017. www. theguardian.com; Ganatra B. et al. «Global, regional, and subregional classification of abortions by safety, 2010–14». *The Lancet.* 27/9/2017; OMS. Hoja informativa. www.who.int/ mediacentre/factsheets/fs388/en/

76 El retorno de las perchas

Feminist Majority Foundation. «2016 National Clinic Violence Survey». Febrero de 2017; Guttmacher Institute. «United States: Abortion»; Holter L. «Abortion Apocalypse: 7 states have just one abortion clinic and some are in danger of closing». 11/8/2017. www.refinery29.com

77 Los prefieren varones

Newport F. «Americans prefer boys to girls, just as they did in 1941». 23/6/2011. www.news.gallup.com

78 La India: menos niñas que niños

Censo de la India.

78–79 Las mujeres que faltan

Bongaarts J. y Guilmoto C. Z. «How many more missing women? Excess female mortality and prenatal sex selection, 1970–2050». *Population and Development Review* 41.2 (2015): 241-269.

79 China: nacen más niños que niñas

UNICEF. «Children in China: An Atlas of Social Indicators». 2014.

80 Selección antinatural

Alkema L. et al. «National, regional, and global sex ratios of infant, child, and under-5 mortality and identification of countries with outlying ratios: a systematic assessment». *The Lancet Global Health* 2.9 (2014):

e521-e530; Brink S. «Selecting Boys over Girls is a Trend in More and More Countries». 25/8/2015. www.npr.org; Bongaarts J. y Christophe Z. G. «How many more missing women? Excess female mortality and prenatal sex selection, 1970–2050». *Population and Development Review* 41.2 (2015): 241-26; Hudson V. y Den Boer A. «When a boy's life is worth more than his sister's». *Foreign Policy*. 30/7/2015. Foreignpolicy.com; FPNU. «Genderbiased sex selection: Overview»; FPNU. «Sex Imbalances at Birth». 2012.

Cuarta parte: POLÍTICA CORPORAL
82–83 La mujer en las Olimpiadas

Center for Human Rights in Iran. «Iranian women made history at Rio Olympics». 5/9/2016; «Factsheet, Women in the Olympic movement, update – January 2016». www.olympic.org; Mooallem J. «Once prohibited, women's ski jumping set to take flight». 1/2/2018. www.nytimes.com; Shepherd S. *Kicking Off: How Women in Sport Are Changing the Game*. Bloomsbury, 2016; Think Again Graphics. 2016. The Gender Games.

84–85 Un paso hacia delante...

Acosta V. y Carpenter L. «Women in Intercollegiate Sport. A Longitudinal, National Study, Thirty-Seven Year Update. 1977–2014». Manuscrito inédito. www.acostacarpenter.com; Allen, S. «John McEnroe: Serena Williams world's best woman tennis player, but would rank "like 700" among men». 25/6/2017. www.chicagotribune.com; Caple, N. et al. «Gender, race, and LGBT inclusion of head coaches of women's collegiate teams. A special collaborative report on select NCAA Division I conferences for the 45th anniversary of Title IX». Junio de 2017; «How women won the fight for equal prize money». www.weforum.org/agenda/2017/07/wimbledonwomen-equal-prize-money/; Isidore C. «Women world cup champs win way less money». 7/7/2015. www.money.cnn.com; Lines A. «FA in twitter storm over "sexist" tweet after welcoming back Lionesses from Women's World Cup». 6/7/2015. www.mirror.co.uk; Longman J. «Number of women coaching in college has plummeted in Title IX era». 30/3/2017. www.nytimes.com; Press Association. «Peter Alliss: Women who want to play at Muirfield should marry a member». 20/5/2016. www.theguardian.com; Rothenberg B. «Roger Federer $731,000, Serena Williams $495,000». 12/4/2016. www.nytimes.com; Stark R. «Where are the women?» NCAA. *Champion*

Magazine; «Top 20 tennis earners». www.totalsportek.com/tennis/atp-career-prize-money-leaders

86–87 El pulso de la belleza global

The Great Pageant Community. thegreatpageantcommunity.com; Miss Universo. www.missuniverse.com/about; Miss Mundo. www.missworld.com

88–89 El gran negocio de la belleza

Abraham M. «The complicated ethics of being a dermatologist in a country where many people want whiter skin». Quartz India. 8/9/2017. www.qz.com; Biakolo K. «Skin Lightening is a $10 billion industry and Ghana wants nothing to do with it». 11/7/2016. www.qz.com; Bocca B. et al. «Toxic metals contained in cosmetics: A status report». *Regulatory Toxicology and Pharmacology* 68(3):447-467. 2014; Brown A. «Americans' Desire to Shed Pounds Outweighs Effort». 29/11/2013. www.news.gallup.com; «Campaign for Safe Cosmetics». www.safecosmetics.org/get-the-facts/chem-of-concern/; Environmental Working Group. «Skin Deep Cosmetics Database». www.ewg.org/skindeep/; Gallup News. «Personal weight Situation». www.news.gallup.com/poll/7264/personal-weight-situation.aspx; Moss R. «Two Thirds of Brits Are on a Diet "Most Of The Time", Study Shows». 10/3/2016. www.huffingtonpost.co.uk/; PR Newswire. «Europe Weight Loss and Weight Management Diet Market expected to grow to $3120 million by 2025». 13/7/2017. www.prnewswire.com; The Beauty Economy Special Report. Global Cosmetics Market. www.res.cloudinary.com/yumyoshojin/image/upload/v1/pdf/the-beauty-economy-2016.pdf; «Top 20 Global Beauty Companies». www.beautypackaging.com/issues/2016-10-01/view_features/top-20-global-beauty-companies-688974; Twigg M. «Where plastic is fantastic». 5/7/2007. www.businessoffashion.com; Westervelt A. «Not so pretty: women apply an average of 168 chemicals every day». 30/4/2015. www.theguardian.com; Women in Europe for a Common Future (WECF) «Women and chemicals: The impact of hazardous chemicals on women». 2016; «WWD's Top 10 Beauty Companies of 2016». www.wwd.com; UNEP 2016. «Global Gender and Environment Outlook».

90 Modelar una belleza física esquiva

American Society of Plastic Surgeons. «2016 Plastic Surgery Statistics Report»; Wolpow N. «Plastic surgeons are mostly men, but their patients

are mostly women». 16/8/2017. www.racked.com; International Society of Aesthetic Plastic Surgery. «International Study on Aesthetic/Cosmetic Procedures Performed in 2016».

91–94 MGF (Ablación) • A cuchilla

Center for Reproductive Rights. www.reproductiverights.org/document/female-genital-mutilation-fgm-legalprohibitions-worldwide; Lubis A. M. y Jong H. N. «FGM in Indonesia hits alarming level». 6/2/2016. www.thejakartapost.com; UNICEF. «Female Genital Mutilation/Cutting Country Profiles». Agosto de 2016; FPNU. «For many girls, school holidays means FGM cutting season». 10/8/2017; FPNU. «Female Genital Mutilation»; UNICEF. «Female Genital Mutilation/Cutting: A Global Concern». 2016; Programa conjunto de FPNU-UNICEF sobre la Mutilación Genital Femenina. «Accelerating Change: By the Numbers. 2016 report». Julio de 2017; OMS. «Female Genital Mutilation»; «Why is Malaysia still practising female genital mutilation?». 6/2/2018. www.themalaysianinsight.com

95 Datos policiales sobre delitos sexuales contra la infancia

UNODC. «Total Sexual Offences Against Children».

95 Sexo a la fuerza

OMS. Violencia contra las mujeres; ONU. *La mujer en el mundo 2015: Tendencias y estadísticas.*

96 Turismo sexual

«Child sex tourism in the world – countries». Meldkindersekstoerisme.nl; ECPAT International. www.ecpat.org/; ECPAT. «Offenders on the Move: Global Study on Sexual Exploitation of Children in Travel and Tourism 2016». Mayo de 2016; ONU. Informe de la Relatora Especial sobre la venta de niños, la prostitución infantil y la utilización de niños en la pornografía. 2/12/2016.

97 Prostitución

Garfinkel R. «A new twist on the world's oldest profession: Nab the Johns, not the prostitutes». 13/3/2017. www.washingtontimes.com; Marian J. «Prostitution Laws in Europe». www.jakubmarian.com; Cámara de los Comunes del Reino Unido. Comité de interior. «Prostitution. Third Report of session 2016–17».

98–99 Trata de personas

Maiti Nepal. maitinepal.org/; Nazish K. «Women and Girls, A Commodity: Human Trafficking in Nepal». 22/2/2014. www.thediplomat.com; South China Morning Post. «Twin earthquakes in Nepal made it easier for traffickers to sell women into slavery». 25/4/2017. www.scmp.com; UN Treaties Depository; UNODC, Informe Global de Trata de Personas, 2016; Departamento de Estado de EE. UU. «Trafficking in Persons Report, 2017».

100 Pornografía

Darling K. «IP Without IP? A Study of the Online Adult Entertainment Industry». Stanford Technology Law Review. 655 (2014)D; Dugan A. «Men, Women Differ on Morals of Sex, Relationships». Social and Policy Issues. 19/6/2015. www.news.gallop.com; EDsmart. «Internet Pornography Stats». www.edsmart.org/pornography-stats/; PornHub Insights. «2017 Year in Review»; Ruvolo J. «How Much of the Internet is Actually for Porn?». Forbes. 7/9/2011; Levine LS. «Feminist Debates: Pornography». Ms. Magazine Blog. 10/9/2014. www.msmagazine.com; Wright P. J. «US Males and Pornography, 1973–2010: Consumption, Predictors, Correlates». Journal of Sex Research. 2013.

Quinta parte: SALUD

102–103 Cáncer de mama

Datos: índice mundial estandarizado por edad por cada 100.000 mujeres.

Ferlay J. et al. «Cancer incidence and mortality worldwide: Sources, methods and major patterns in GLOBOCAN 2012». International Journal of Cancer. 136: E359–E386. 2015; IARC. Global Cancer Observatory. www.gco.iarc.fr/today/home; Fondo Mundial para la Investigación del Cáncer. «Breast cancer statistics». www.wcrf.org

102 Víctimas mortales semanales

IARC. Global Cancer Observatory. «Estimated number of deaths, breast cancer, worldwide in 2012». www.gco.iarc.fr

104 Cáncer de mama: una lotería regional

Datos: índice estandarizado por edad por cada 100.000 mujeres.

Ferlay J. et al. «Cancer incidence and mortality worldwide: Sources, methods and major patterns in GLOBOCAN 2012». International Journal of Cancer. 136: E359–E386. 2015.

104 Raza, origen étnico y cáncer de mama

Datos: índice estandarizado por edad por cada 100.000 mujeres.

CDC. EE. UU. «Breast Cancer rates by race and ethnicity». www.cdc.gov

105 El VIH en el este y el sur de África

AVERT. www.avert.org/professionals/hiv-around-world; ONUSIDA. AIDsInfo. www.aidsinfo.unaids.org/; ONUSIDA. Global AIDS Update 2016.

106–107 Vivir con el VIH

ONUSIDA. AIDsInfo. aidsinfo.unaids.org/; ONUSIDA. Global AIDS Update 2016; CCD. «HIV in the USA: At a glance. New HIV diagnoses in the USA». www.cdc.gov

107 Víctimas mortales semanales

AVERT. «HIV Around the World». www.avert.org; CDC. «HIV in the United States at a Glance». www.cdc.gov; ONUSIDA. AIDsInfo. www.aidsinfo.unaids.org/; ONUSIDA. Global AIDS Update 2016.

108 Tratamiento para el VIH

AVERT. «HIV Around the World». www.avert.org; ONUSIDA. AIDsInfo. www.aidsinfo.unaids.org/; ONUSIDA. Global AIDS Update 2016.

109 La mujer joven y los nuevos casos de VIH

AVERT. «HIV Around the World». www.avert.org; ONU Mujeres. «Facts and Figures: HIV and AIDS». www.unwomen.org/en; ONUSIDA. AIDsInfo. www.aidsinfo.unaids.org/; ONUSIDA. Global AIDS Update 2016.

110 Tuberculosis

CDC. EE. UU. «Tuberculosis: Data and Statistics. 2016». www.cdc.gov; TB Facts.Org. www.tbfacts.org/tb-statistics/; OMS. «Gender and Tuberculosis». Enero de 2002. apps.who.int/iris/bitstream/10665/68891/1/a85584.pdf; OMS. Global Tuberculosis Report 2017; OMS. «Tuberculosis Factsheets». Octubre de 2017. www.who.int

111–112 Malaria • Tasa anual de mortalidad por malaria

Murray C. J. L. et al. «Global malaria mortality between 1980 and 2010: A systematic analysis». The Lancet, volumen 379, 9814: 413–431; Roll Back Malaria. «Gender and Malaria. September 2015. Factsheet on Gender and the SDGs». www.rollbackmalaria.org; PNUD. Diciembre de 2015. «Discussion Paper: Gender and Malaria». www.undp.org; Wang H. et al. «Global, regional, and national under-5 mortality, adult mortality, age-specific mortality, and life expectancy, 1970–2016: A systematic analysis for the Global Burden of Disease Study 2016». The Lancet, volumen 390, 10100: 1084–1150; OMS. «Gender, Health and Malaria. Gender and Health Information sheet». Junio de 2007; OMS. World Malaria Report 2015; OMS. World Malaria Report 2017; OMS. World Malaria Report 2016.

113 Zona prohibida

UNICEF y OMS. Progress on drinking water, sanitation and hygiene: 2017 update and SDG baselines.

114–115 Para beber • Agua sucia

Environmental Working Group's Tap Water Database. www.ewg.org/tapwater/#.Wu7rVZoh3IU; Prüss-Ustün A. et al. «Burden of disease from inadequate water, sanitation and hygiene in low- and middle-income settings: A retrospective analysis of data from 145 countries». Tropical Medicine and International Health, 2014, 19(8): 894–905; PNUMA 2016; Stehle S. y Schulz R. «Agricultural insecticides threaten surface waters at the global scale». Proceedings of the National Academy of Sciences, 2015, 112(18): 5750–5755; ONU Medio Ambiente. «Global Gender and Environment Outlook». web.unep.org/ggeo; UNICEF y OMS. Progress on drinking water, sanitation and hygiene: 2017 update and SDG baselines.

116–117 Aseos • ¡Derecho a orinar!

Ingraham C. «1.6 million Americans don't have indoor plumbing». 23/4/2014. www.washingtonpost.com; Mundy K. et al. «No girl left behind – education in Africa». 2015. www.globalpartnership.org; OCDE. Housing Quality Database. HC2.3.A1. «Share of households without exclusive flushing toilet, by poverty status and year». Roma E. y Pugh I. Toilets for Health. London School of Hygiene and Tropical Medicine en colaboración con Domestos. Londres. 2012; ONU Medio Ambiente. «Global Gender and Environment Outlook». www.web.unep.org/ggeo; UNICEF y OMS. Progress on drinking water, sanitation and hygiene: 2017 update and SDG baselines; Censo de EE. UU. «American Community Survey». 2015; OMS. «Sanitation Fact Sheet». Julio de 2017.

118 Un planeta contaminado

Grandjean P. y Martine B. «Calculation of the disease burden associated with environmental chemical exposures: application of toxicological information in health economic estimation». Environmental Health 16/1/2017; Landrigan P. J. et al. «The Lancet Commission on pollution and health». The Lancet. 2017; cita de Rachel Carson: Carson R. Silent Spring (publicado en español como Primavera silenciosa). Nueva York: Fawcett Crest; 5.ª edición, 1967, original de 1962. p. 244; cita de Sylvia Earle: Earle S. «Natural History Museum Annual Lecture». Channel 4 News. R.U. 3/12/2017. www.channel4.com/news/; USA NIEHS/EPA. «Children's Environmental Health and Disease Prevention Research Centers». Impact Report. 2017.

119 Polvareda mortal
• Productos químicos tóxicos en el hogar

Gore, A. C. et al. «EDC-2: The Endocrine Society's second scientific statement on endocrine-disrupting chemicals». *Endocrine Reviews* 36, n.º 6 (2015): E1-E150; Knower K. C. et al. «Endocrine disruption of the epigenome: a breast cancer link». *Endocrine-related cancer* 21, n.º 2 (2014): T33-T55; Mitro S. D. et al. «Consumer product chemicals in indoor dust: a quantitative metaanalysis of US studies». *Environmental Science and Technology.* 4/10/2016. US EPA. «Indoor Air Quality. Pesticides' Impact on Indoor Air Quality». www.epa.gov

120 Un aire mortal

Prüss-Ustün A. et al. *Preventing Disease through Healthy Environments: A Global Assessment of the Burden of Disease from Environmental Risks.* OMS. Ginebra. 2012; Smith K. R. et al. «Millions dead: how do we know and what does it mean? Methods used in the comparative risk assessment of household air pollution». *Annual Review of Public Health* 35 (2014): 185–206; OMS. *Burden of disease from household air pollution for 2012.* Resumen de resultados; OMS. *Guidelines for Indoor Air Quality: Household Fuel Combustion.* 2014; OMS. *Ambient Air Pollution: A global assessment of exposure and burden of disease.* 2012; OMS. «Global Health Observatory Data: Household Air Pollution». www.who.int/gho/phe/indoor_air_pollution/en/

121 ¡No te comas el pescado!

Fontaine J. et al. «Re-Evaluation of Blood Mercury, Lead and Cadmium Concentrations in the Inuit Population of Nunavik (Québec): A Cross-Sectional Study». *Environmental Health* 7 (2008): 25. PMC. Web. 6/12/2017; Mortensen M. E. et al. «Total and methyl mercury in whole blood measured for the first time in the US population: NHANES 2011–2012». *Environmental Research* 134 (2014): 257-264; ONU Medio Ambiente, BRI, IPEN. *Mercury Monitoring in Women of Child-Bearing Age in the Asia and the Pacific Region.* Abril de 2017.

Sexta parte: TRABAJO
123 Empleos marginados

American Dental Association. «Women in Dentistry». www.ada.org; Catalyst. «Women in Male-Dominated Industries and Occupations». 30/5/2017. www.catalyst.org; Chalabi M. «Dear Mona, How many flight attendants are men?». 3/10/2014. fivethirtyeight.

com; Gender Gap Grader. «How many women in "the Airman Database"?». www.gendergapgrader.com/studies/airline-pilots/; Joshi S. «Meet India's courageous women cab drivers». 14/12/2015. www.mashable.com; Kelly G. «Veterinary medicine is a woman's world». 7/5/2017. www.vmdtoday.com; Medical Council of New Zealand. «Workforce statistics: The New Zealand Medical Workforce». www.mcnz.org.nz; ONU. *La mujer en el mundo 2015: Tendencias y estadísticas;* UNESCO. «Percentage of female teachers by level of education». www.data.uis.unesco.org; Women in Informal Employment: Globalizing and Organizing. «Women in India's Construction Industry». www.wiego.org; Banco Mundial. «World Development Report». Capítulo 5. *Gender* Equality and Development. 2012; OMS. Datos del Observatorio Mundial de la Salud. apps.who.int/gho/data/view.main.92400

124–125 La mujer en el mundo laboral

OIT. «Labour Force Participation by Age and Sex». www.ilo.org/ilostat; OCDE. «Labour force participation rate (indicator)». 2017. www.stats.oecd.org

124 Trae el dinero

USAID. The DHS Program. «Demographic and Health Surveys». www.dhsprogram.com/data/available-datasets.cfm

126–127 La brecha salarial

AAUW. *The Simple Truth about the Gender Pay Gap.* 2017; «BBC's 9% gender pay gap revealed». 4/10/2017. www.bbc.com/news/entertainmentarts-41497265; Business and Human Rights Resource Center. «Walmart Lawsuit». www.business-humanrights.org/en/walmart-lawsuit-re-genderdiscrimination-in-usa; Drogan R. *Statistical Analysis of Gender Patterns in Wal-Mart Workforce.* 2003. www.walmartclass.com/staticdata/reports/r2.pdf; Eurostat. Tablas del mercado laboral, ingresos. www.ec.europa.eu/eurostat/web/labour-market/earnings/main-tables; OIT. *Global Wage Report 2016/17: Wage inequality in the workplace;* Kottasova I. «Iceland makes it illegal to pay women less than men». CNN Money. 3/1/2018. http://money.cnn.com

128–129 El empleo de la mujer

OIT. Empleo en economía sumergida. www.ilo.org/ilostat/

128–129 La cadena de montaje global
• Zonas de Procesamiento de Exportaciones

Beneria L. «Globalization and Gender: Employment Effects», taller. El Cairo. 2005; Boyenge J. Base de datos de la OIT sobre Zonas de Procesamiento

de Exportaciones (revisada). OIT. 2007; Enloe C. *Bananas, Beaches and Bases.* Berkeley: University of California Press. 2014; Hoskins T. «Reliving the Rana Plaza factory collapse: A history of cities in 50 buildings, day 22». www.theguardian.com; Sukthankar A. y Gopalakrishnan R. «Freedom of association for women workers in EPZs: a manual». OIT. 2012.

130 Soledad en la cumbre

En los países de la UE, Islandia, Noruega y Turquía, los datos se refieren al porcentaje de puestos ocupados por mujeres en las juntas de los 50 miembros más grandes del principal índice de mínimo riesgo del país concreto (solo las empresas registradas en dicho país). «Junta» se refiere al organismo más alto de toma de decisiones de la empresa, como el consejo de administración de una empresa en un sistema unitario o el consejo supervisor en caso de un sistema de dos niveles. En los países con datos basados en los MSCI (2015), estos se refieren al porcentaje de puestos ocupados por mujeres en las juntas de empresas cubiertas por el «universo global de referencia sobre directivos» de MSCI, una muestra de 4.218 compañías mundiales que incluye todas las de los índices MSCI ACWI, World, EAFE y Emerging Markets, además de otras 1.700 empresas de tamaño medio o grande en mercados desarrollados, 900 de las cuales se han constituido o cotizan fundamentalmente en EE. UU.

Holanda, Francia, Alemania, Bélgica e Italia han aprobado leyes de cuotas de directivos desde 2011. En la India, una ley de cuota de género exige que todas las juntas tengan al menos una mujer directiva.

Guynn J. «Women can't crack the glass ceiling when it comes to tech boards». 25/8/2017. www.usatoday.com; Harvard Law School Forum. «Gender Parity on Boards around the World». 5/1/2017. www.corpgov.law.harvard.edu/2017/01/05/gender-parity-onboards-around-the-world/; Jones S. «White Men Account for 72% of Corporate Leaderships of the Fortune 500 Companies». 9/6/2017. www.fortune.com; OCDE. «Female share of seats on boards of the largest publicly listed companies». www.stats.oecd.org/index.aspx?queryid=54753; Tam P. «Join Our Board: Companies Hotly Pursue New Wave of Women in Tech». 30/12/2016. www.nytimes.com; *The Economist.* «The glass ceiling index 2017». www.infographics.economist.com/2017/glass-ceiling/

131 Baja por maternidad y paternidad

OIT. *Maternity and paternity at work: law and practice across the world.* 2014.

132 Desempleo

OIT. «Key Indicators of the Labour Market». Estadísticas de la OIT. 2017.

132 Raza y sexo: interrelación en el empleo

Departamento de la Mujer, Sudáfrica. *The Status of Women in the South African Economy.* 2015; Departamento de Trabajo, Oficina de Estadísticas de Empleo de EE. UU. www.bls.gov/web/empsit/cpsee_e16.htm

133 Trabajo a tiempo parcial

OIT. «Key Indicators of the Labour Market, Time-Related Unemployment»; OIT. INWORK *Policy Brief 7, The Diversity of "Marginal" Part-Time Employment.*

134 Tareas domésticas y asistenciales

División Estadística de la ONU. «Unpaid work. Minimum Set of Gender Indicators». www.genderstats.un.org/#/indicators; Fletcher R. «Women spend 50% more time in unpaid housework». 1/6/2017. www.cbc.ca; Estadísticas de la OCDE. Empleo: tiempo dedicado al trabajo remunerado y no remunerado por sexos. www.stats.oecd.org; Oficina de Estadísticas de Empleo de EE. UU. «American Time Use Survey. Charts by topic: Household activities». www.bls.gov

135 ¿Quién hace la colada?

Singh A. «36 household chores men don't bother to do». 6/10/2014. www.telegraph.co.uk

136 Quién decide en casa

USAID. The DHS Program. «Demographic and Health Surveys, Country Reports». www.dhsprogram.com

137 Trabajo infantil

OIT. «Global estimates of child labour: Results and trends, 2012–2016». 2017; UNICEF. «Child Labor Database». www.data.unicef.org/topic/child-protection/child-labour/

138 Caminando a por agua • ¿Quién va a buscar el agua?

Oficina del Alto Comisionado de las Naciones Unidas para los Derechos Humanos. *The Right to Water. Human Rights Fact Sheet #35.* 2010; ONU Mujeres. «SDG 6: Ensure availability and sustainable management of water and sanitation for all». 2016; ONU Mujeres. *Progress of the World's Women, 2015-16: Transforming Economies, Realizing Rights;* PNUMA. *Global Gender and Environment Outlook.* 2016; ONU, Departamento de Asuntos Económicos y Sociales, División de Estadísticas. *La mujer en el mundo 2015: Tendencias y estadísticas.*

139–141 Empleo agrícola • Mujeres empleadas en la investigación agrícola • Acceso de los agricultores a expertos en extensión

Action Aid. «Policy Brief 2015: Delivering Women Farmers' Rights»; Archambault C. S. y Zoomers A. (eds). *Global Trends in Land Tenure Reform: Gender Impacts.* Londres: Routledge, 2015; Beintema N. «An assessment of the gender gap in African agricultural research capacities». *Journal of Gender, Agriculture and Food Security,* vol. 2, n.º 1. 2017; Doss C. et al. «Women in agriculture: Four myths». *Global Food Security.* 6/11/2017; Global Forum for Rural Advisory Services. «Fact Sheet on Extension Services». Junio de 2012; Banco Mundial. «Employment in Agriculture, Female» (% de empleo femenino). www.data.worldbank.org

142 Responsabilidad de las tareas del campo • Género y vías de exposición a los pesticidas

Catholic Relief Services. «Women's work in Coffee». www.coffeelands.crs.org; FAO/ UE/ Pesticide Action Network. «Protecting farmers and vulnerable groups from pesticide poisoning. May 2014–2015»; Lusiba G. S. et al. «Intra-household gender division of labour and decision-making on rice postharvest handling practices: A case of Eastern Uganda». *Cogent Social Sciences* 3.1. 2017; PNUMA. *Global Gender and Environment Outlook.* 2016.

143 En la pesca • Procesamiento • Acuicultura

Asian Fisheries Society. «Gender in Aquaculture and Fisheries: Engendering Security in Aquaculture and Fisheries», vol. 30S. 2017; Brugere C. y Williams M. «Women in aquaculture profile». 2017. www.genderaquafish.org/portfolio/women-in-aquaculture/; FAO National Aquaculture Sector Overview (NASO), hojas informativas; FAO. *The State of World Fisheries and Aquaculture 2016. Contributing to food security and nutrition for all;* PNUMA. *Global Gender and Environment Outlook.* 2016; Banco Mundial. *Hidden harvest: The global contribution of capture fisheries.* 2012; Banco Mundial/FAO. «Gender in agriculture sourcebook». 2018.

144–145 Emigrar para trabajar • Tareas domésticas

Altorjai S. y Batalova J. «Immigrant Health-Care Workers in the United States. Migration Information Source». 28/6/2017; Cortés P. y Pan J. «Foreign Nurse Importation to the United States and the Supply of Native Registered Nurses». *Federal Reserve Bank of Boston Working Papers.* 31/7/2014;

OIT. «Global estimates of migrant workers and migrant domestic workers: results and methodology». 2015; OIT. *Domestic workers across the world: global and regional statistics and the extent of legal protection.* 2013; International Migration Organization. www.gmdac.iom.int/gmdac-migfacts-internationalmigration; Documento resumen de la Cámara de los Comunes # 7783. NHS Staff from Overseas. 16/10/2017; Li, J. H. «The benefits and caveats of international nurse migration», *International Journal of Nursing Sciences,* volumen 1, n.º 3, septiembre de 2014: 314–317; McCabe K. «Foreign-Born Health Care Workers in the United States». 27/6/2012. www.migrationpolicy.org; Gobierno de Filipinas. Trabajadores en el extranjero. www.poea.gov.ph/ofwstat/compendium/2015.pdf; www.poea.gov.ph/ofwstat/deppercountry/2010.pdf; OMS. «Migration of health workers: the WHO code of practice and the global economic crisis». 2014.

Séptima parte: EDUCACIÓN Y CONECTIVIDAD

147 Media de años de escolarización

ONU. *La mujer en el mundo 2015: Tendencias y estadísticas;* ONU Mujeres. *Progress of the World's Women 2015–2016: Transforming Economies, Realizing Rights.*

148–149 Cuando no terminas el colegio • Brecha de género y abandono escolar en primaria • Ingresos y abandono escolar

UNICEF. «Primary Education». www.data.unicef.org/topic/education/primaryeducation/; Banco Mundial. «World Development Indicators». *Education Completion and Outcomes.* wdi.worldbank.org/table/2.10#

150–151 Después de secundaria

UNESCO. «Gross enrolment ratio by level of education». www.data.uis.unesco.org/?queryid=142

150 Raza, origen étnico y género, EE. UU.

National Center for Education Statistics. «Digest of Education Statistics».

152–153 Un avance gradual • Enseñanza superior

D'ujanga F. M. et al. «Female physicists in Ugandan universities». Actas de conferencias de AIP, 1697. 2016; Reid D. M. *Cairo University and the Making of Modern Egypt.* Cambridge: CUP, 1990; «The University of Tokyo. History of Todai Women». www.kyodo-sankaku.utokyo. ac.jp; «Women's access to higher education: an overview (1860–1948)». 21/7/2012. www.herstoria.com

154 520 millones de mujeres no saben leer esto

Banco Mundial. DataBank. «Literacy rate, adult female». www.data.worldbank.org/indicator/SE.ADT.LITR.FE.ZS?end=2015&start=2015

155–156 Pinta bien • Grandes saltos adelante

ONU. *La mujer en el mundo 2015: Tendencias y estadísticas;* Banco Mundial. DataBank. «Literacy rate, adult female». www.data.worldbank.org/indicator/SE.ADT.LITR.FE.ZS?end=2015&start=2015

157 Analfabetismo funcional

ETS Research. «Understanding the Basic Reading Skills of US Adults: Reading Components in the PIAAC Literacy Survey». www.ets.org; OCDE. *Time for the U.S. to Reskill?: What the Survey of Adult Skills Says.* 2013; Rampey, B. D. et al. «Highlights from the US PIAAC Survey of Incarcerated Adults: Their Skills, Work Experience, Education, and Training». Program for the International Assessment of Adult Competences, 2014 (NCES 2016-040). 2016; Departamento de Educación de EE. UU., National Center for Education Statistics, Program for the International Assessment of Adult Competencies (PIAAC), 2012 y 2014.

158–159 Cuando las computadoras eran mujeres • Un mundo de chicos

Blitz M. «The true story of "Hidden Figures"». *Popular Mechanics.* 3/2/2017; Engel K. «Admiral "Amazing Grace" Hopper, pioneering computer programmer». 21/10/2013. www.amazingwomeninhistory.com; Fessenden M. «What happened to all the women in computer science?». 22/10/2014. www.smithsonianmag.com; Galvin G. «Study: Middle school is key to girls' coding interest». 20/10/2014. www.usnews.com; Garber M. «Computing power used to be measured in kilo-girls». *The Atlantic.* 16/10/2013; Henn, S. «When women stopped coding». 21/10/2014. www.npr.org; National Center for Education Statistics. www.nces.ed.gov/; NPR. «"Most Beautiful Woman" by Day, Inventor by Night». 22/11/2011. www.npr.org; The ENIAC programmers project. www.eniacprogrammers.org/; Varma R. y Kapur D. «Decoding Femininity in Computer Science in India». *Communications of the ACM,* vol. 58, n.º 5: 56–62. www.cacm.acm.org; Wenner M. «Hedy Lamarr, Not Just a Pretty Face». *Scientific American.* 3/6/2008.

160 Porcentaje de hogares con un ordenador • Porcentaje de hogares estadounidenses...

Anderson M. y Perrin A. «Disabled Americans are less likely to use technology». www.pewresearch.org; Camille R. y Lewis J. M. «Computer and Internet Use in the United States: 2015; Internet use by gender». 11/1/2017. www.pewresearch.org; UIT. «Key ICT indicators». www.itu.int; Perrin A. «Digital gap between rural and non-rural America persists». www.pewresearch.org; Oficina del Censo de EE. UU. «Computer and Internet Use in the United States: 2015». Número de informe: ACS-37. 2107.

161 Brecha de género por países

UIT. «Gender Internet stats 2017». www.itu.int

162 Brecha digital • Brecha de género por región

UIT. «ICT Facts and Figures 2016»; UIT. «ICT Facts and Figures 2017»; UIT. «Measuring the Information Society. 2016»; Banco Mundial. «Individuals using the internet, percentage of population». www.data.worldbank.org/indicator/IT.NET.USER.ZS

163 Al día con las noticias • Al día con la salud

UIT. «Measuring the Information Society. 2016»; Pew Research. «Internet seen as positive influence on education, negative on morality in emerging and developing nations». 2015.

165 #Acoso digital

Duggan M. «Online Harassment 2017». 11/7/2017. www.pewinternet.org; Facebook Newsroom. «Facebook Diversity Update: Positive Hiring Trends Show Progress». 14/7/2016. newsroom.fb.com; Ghosh, S. «Google is making slow progress on hiring people who aren't white men». 30/6/2017. www.businessinsider.com/; Siminoff J. «Building a more inclusive Twitter». 19/1/2017. blog.twitter.com; Wagner K. «Twitter says it "met many" of its goals around diversity last year, so it's setting new goals for 2017». 19/1/2017. www.recode.net

166–168 El mito del mundo conectado • Para algunas mujeres, la brecha es aún mayor • Cerrar la brecha • No me lo puedo permitir...

Bellman E. y Malhotra A. «Why the vast majority of women in India will never own a smartphone». 13/10/2016. www.wsj.com; Connected Women. «Bridging the Gender Gap: Mobile access and usage in low- and middleincome countries». 2015. www.gsma.com; UNCTAD. «Measuring ICT and gender: An assessment». 2014; Foro Económico Mundial. «Global Gender Gap Report». 2016.

Octava parte: PROPIEDAD Y POBREZA

170–171 Propiedad: Derecho de la mujer a poseer, utilizar y controlar tierras • Titularidad de las tierras de «propiedad familiar» en África • Proporción de mujeres propietarias de terrenos agrícolas

Nota: el «propietario de terrenos agrícolas» es técnica y económicamente responsable de la unidad de explotación agraria.

Doss C. et al. *IFPRI Discussion Paper* 01308. «Gender Inequalities in Ownership and Control of Land in Africa: Myths versus Reality». Diciembre de 2013; FAO. «Gender and Land Rights Database». www.fao.org; Landesa. «Rural Development Institute». www.landesa.org; Massay G. «Africa's women are still waiting for equal inheritance rights». 21/6/2017. www.womendeliver.org; OCDE. *Social Instructions and Gender index 2014 Synthesis Report;* ONU. *La mujer en el mundo 2015: Tendencias y estadísticas;* PNUMA. *Global Gender and Environment Outlook.* 2016; «Women's land: Closing the gender gap in Sub-Saharan Africa». www.womendeliver.org

171 Propiedad de la casa en EE. UU.

Rickert L. «US Census Bureau: Native American Statistics». 24/11/2016. www.nativenewsonline.net; Censo de EE. UU. Tabla 15. «Annual estimates of the housing inventory by age and family status» y Tabla 16: «Homeownership rates by race and ethnicity». www.census.gov

172 Herencia

Iqbal, S. *Women, Business and the Law 2016: Getting to Equal.* World Bank Group. 2015; Dray K. «"This is some Jane Austen-level BS": why it's time to stamp out Britain's sexist inheritance rules». *Stylist.* 2016; Lyall S. «Son and heir?», 22/6/2013. www.nytimes.com; «Women could inherit if they change gender, says Earl». 30/11/2017. www.bbc.com; Foro Económico Mundial. *The Global Gender Gap Report 2017.*

173 Sin ahorros

Demirguc-Kunt A. et al. «The Global Findex Database 2014: Measuring Financial Inclusion around the World». *Policy Research Working Paper* 7255. Banco Mundial. Washington D. C. 2015; Banco Mundial. «Global Findex Database 2014: Measuring Financial Inclusion Around the World».

174 Vivir al límite

PNUD. Human Development Reports. «Multidimensional Poverty». www.hdr.undp.org

175 Pobreza extrema

PNUD. Human Development Reports. «Population living below income poverty line». www.hdr.undp.org

176 Riesgo de pobreza en Europa

Eurostat. Índice de riesgo de pobreza por sexos. www.ec.europa.eu

177 Sin un céntimo en Latinoamérica

Comisión Económica para América Latina y el Caribe (CEPAL). Panorama Social de América Latina, 2015. Santiago, 2016.

178–179 Perfil de la pobreza, EE. UU. • Perfil de la riqueza, EE. UU.

Economic Policy Institute. «Racial gaps in wages, wealth, and more: a quick recap». 26/1/2017. www.epi.org; Economic Policy Institute. «2016 ACS shows stubbornly high Native American poverty and different degrees of economic well-being for Asian ethnic groups». 15/9/2017. www.epi.org; Heller School for Social Policy and Management. «We need to talk about the Gender Wealth Gap». 27/9/2016. www.huffingtonpost.com; Semega J. et al. «US Census Bureau, Current Population Reports, P60-259, Income and Poverty in the United States: 2016», US Government Printing Office, Washington D. C., 2017; Oficina del Censo de EE. UU. «Facts for Features: American Indian and Alaska Native Heritage Month: November 2015»; Oficina del Censo de EE. UU. «Wealth, Asset Ownership, and Debt of Households Detailed Tables: 2013».

180–181 Mundo rico / mundo pobre

Nota técnica sobre la comparación de ingresos entre un director general y un trabajador medio: remuneración del director general en empresas del principal mercado de valores de cada país.

Allen K. «UK bosses will earn more in two and a half days than workers earn all year». 4/1/2017. www.theguardian.com; Bloomberg News. «Bloomberg Pay Index. Best Paid Executives 2016». www.bloomberg.com/graphics/2017-highest-paid-ceos/; Bloomberg News. «The best and worst countries to be a rich CEO». Noviembre de 2016; Credit Suisse. «Global Wealth Report 2017»; High Pay Centre. «10% pay rise? That'll do nicely». www.highpaycentre.org; OXFAM. «5 Shocking Facts About Extreme Global Inequality»; OXFAM. «Reward work, not wealth: To end the inequality crisis, we must build an economy for ordinary working people, not the rich and powerful». *Briefing Paper,* 22/1/2018; Mayah E. et al. *Inequality in Nigeria: Exploring the drivers.* OXFAM. 2017; Foro Económico Mundial. *The Global Risks Report 2017;* Foro Económico Mundial. *The Inclusive Development Index 2018.*

182 Cuenta con el banco

Demirguc-Kunt A. et al. «The Global Findex Database 2014: Measuring Financial Inclusion around the World». *Policy Research Working Paper* 7255, Banco Mundial, Washington D. C. 2015; Tavneet S. y Jack W. «The long-run poverty and gender impacts of mobile money». *Science* 354.6317 (2016): 1288-1292; ONU. *La mujer en el mundo 2015: Tendencias y estadísticas;* Banco Mundial. «Global Findex Database 2014: Financial Inclusion».

Parte novena: PODER
184–187 Voto de la mujer

Daley C. y Nolan M. *Suffrage and Beyond: International Feminist Perspectives.* Nueva York: NYU. 1994; Inter-Parliamentary Union. www.ipu.org; PNUD. *Arab Human Development Report,* 2005.

188–189 El ejército

Enloe C. *Globalization and Militarism: Feminists Make the Link.* Rowman & Littlefield. 2016; OTAN. «Summary of the National Reports of NATO Member and Partner Nations to the NATO Committee on Gender Perspectives». 2016; Mohan M. «Rape and no periods in North Korea's army». 21/11/2017. www.bbc.co.uk; Ejército de Sudáfrica. República de Sudáfrica; «Celebrating Women's Month: Rise of Women in the SA Army». 17/8/2017; Stockholm International Peace Research Institute (SIPRI). «Military versus social expenditure: the opportunity cost of world military spending». 5/4/2016; Telsur News. 27/2/2018. «Saudi Arabia government to allow women to join army». www.telesurtv.net; ONU Mujeres. www.unwomen.org/en/what-we-do/peace-and-security/facts-and-figures; Departamento de Defensa de EE. UU. «Annual Report on Sexual Assault in the Military; Fiscal Year 2016; Women in the military in Africa». 27/1/2017. www.joburgpost.co.za

190–191 Mujeres en gobiernos nacionales

Inter-Parliamentary Union. «Women in National Parliaments Database». www.ipu.org/wmn-e/classif.htm

192 Mujeres con carteras ministeriales

Banco Mundial. Estadísticas de género. www.databank.worldbank.org/data/reports.aspx?Code=SG.GEN.MNST.ZS&id=2ddc971b&report_name=Gender_Indicators_Report&populartype=series#

193 Parlamento Europeo

European Parliamentary Research Service. «Women in Parliaments». www.europarl.europa.eu/RegData/etudes/ATAG/2017/599314/EPRS_ATA(2017)599314_EN.pdf

194 Cuotas en gobiernos nacionales

Naciones Unidas, 2015. «The World's Women 2015: Trends and Statistics; International Institute for Democracy and Electoral Assistance. Gender Quota Database». www.idea.int/datatools/data/gender-quotas/database

195 La mujer en las Naciones Unidas

Bryant N. «At the UN women play increasingly powerful roles». 17/11/2014. www.bbc.com; Datos sobre la situación de la mujer en Naciones Unidas. www.unwomen.org/en/how-we-work/un-system-coordination/women-inthe-united-nations/current-status-ofwomen

196–197 Feminismos

El pussyhat™ rosa se ideó como un símbolo contra los alardes del candidato a la presidencia estadounidense Trump sobre sus abusos sexuales a mujeres; se convirtió en el símbolo de la Women's March de 2017 y perdura como señal de resistencia contra el privilegio patriarcal.

Pressman J. y Chenoweth E. «Women's Marches. Crowd Estimates». docs.google.com/spreadsheets/d/1xa0iLqYKz8x9Yc_rfhtmSOJQ2EGgeUVjvV4A8LsIaxY/htmlview?sle=true#gid=0; Women's March. www.womensmarch.com/Sisters

Céditos de las imágenes

Página 49: Leyes sobre matrimonio en caso de violación: publicidad de ABAAD, www.abaadmena.org.

Página 94: Campaña contra la mutilación genital femenina, cartel en un camino cerca de Kapchorwa, Uganda. Fotografía de Amnon Shavit, Wikimedia Commons.

Página 117: Derecho a orinar: fotografía por cortesía de DNA Syndication.

Página 135: Humor gráfico «Mercy, it's the revolution»: reimpreso con permiso de la autora, Nicole Hollander.

Índice analítico